Wolfgang Greiner   Bühnenkunst am Goetheanum

Pakt-Szene aus «Faust» von Goethe: «Du unterzeichnest dich mit einem Tröpfchen Blut.» Goetheanum-Bühne. Faust: Kurt Hendewerk; Mephistopheles: Wolfgang Greiner. Foto: Werner Kehlert.

Wolfgang Greiner

Bühnenkunst am Goetheanum

Erfahrungen und Gedanken
über ihre geistigen Fundamente

Verlag am Goetheanum

Gesamtherstellung: Kirschgarten-Druckerei AG, CH-4010 Basel

ISBN 3-7235-0469-8

Inhalt

Notwendige Vorbemerkung

Die folgenden Betrachtungen gehen von der Überzeugung aus, daß es in der gegenwärtigen Krisensituation des Theaters Wege gibt, die Schauspielkunst auf eine Weise zur Offenbarerin des wahren Menschenwesens zu machen, wie das früher noch nicht möglich war. Diese Überzeugung gründet sich auf die Erkenntnisse der Geisteswissenschaft, wie sie Rudolf Steiner auch für die dramatische Kunst in reicher Fülle entwickelt hat. Da man das alles sich aber erst selbst *erwerben* muß, um es zu «besitzen», können die Anfänge nicht anders als *bescheiden* sein. Und doch liegen in ihnen die Keime, aus denen ersichtlich wird, welche Möglichkeiten auf dem Feld der Bühnenkunst in Zukunft einmal erblühen könnten.

Über das Drama als Dichtung, über seinen Ursprung aus den Mysterien, über das Bühnenbild und anderes hat der Verfasser schon früher Aufsätze veröffentlicht, aus denen einiges, zum Teil erweitert, hier wieder zum Abdruck kommt, um das *Ganze* der Bühnenkunst in ihrem Zusammenhang von Sprache, Gebärde und Bild wenigstens skizzenhaft zu überschauen.

Die beigefügten *Bild-Tafeln* können veranschaulichen, was über einzelne Grundgebärden oder über das Bühnenbild gesagt wurde. Die meisten Bilder sind bisher unveröffentlicht. Es könnte dem Betrachter derselben als Unbescheidenheit erscheinen, daß einige Abbildungen Bühnenphotos des Autors selber darstellen. Wer über künstlerische Erfahrungen etwas aussagen will, ist aber stets in der Lage, von sich selber ausgehen zu müssen, wo er die Dinge am unmittelbarsten und intimsten erlebt. Was dabei demonstriert werden soll an Gebärde, Mimik und so weiter, ist aber etwas Objektives, das durch die beigefügten Legenden motiviert wird. Außerdem bestand allerdings auch die Absicht zu zeigen, daß das hier Beschriebene nicht «idealistischer Theorie» und «weltferner Schöngeisterei» entstammt, sondern daß der Autor dieser Betrachtungen in der Schauspielkunst tätig darinnensteht. Damit dürfte die getroffene Auswahl wohl gerechtfertigt erscheinen.

Man möchte wünschen, daß besonders die Kunst studierende Jugend aus ihren Zweifeln und ihrer vielfachen Verzagtheit herausfindet durch Anregungen hier gegebener Art, weil diese nicht einer «Richtung» oder einer «Theorie» entspringen, die «von außen» dem Menschen aufgedrängt werden soll, sondern weil ihre Kunst-Elemente reinlich *dem Wesen des Menschen selbst* entnommen sind und zeigen können, welche künstlerischen Entwicklungsmöglichkeiten in diesem noch schlummern. Der *Wille* zu dieser Kunst- und Menschenerkenntnis ist freilich Voraussetzung.

Sommer 1988   *Wolfgang Greiner*

Kunst-Erkenntnis

Wer heute über ein Thema spricht oder schreibt wie das angezeigte über die geistigen Fundamente der Bühnenkunst, muß sich klar sein, daß er damit ein Feld betritt, auf dem er nicht leicht die Zuhörer oder Leser findet, mit denen er sich so ohne weiteres verständigen kann, wo ihm vielleicht sogar zunächst nur Kopfschütteln oder Spott entgegenkommen. Der Boden, auf dem ein solches Verständnis für künstlerische Probleme möglich wäre, ist zersplittert in unzählige «Standpunkte» und muß erst wieder neu geschaffen werden. Von allen Verunsicherungen, die uns das 20. Jahrhundert gebracht hat, ist diejenige über die *Kunst* eine der schwerwiegendsten, wenn man das Wort Rudolf Steiners bedenkt, das er überraschenderweise in den Nöten und Problemen der ersten Nachkriegszeit gesprochen hat (6.Juli 1919): «... und sicher wird es sogar die *Kunst* sein, auf deren Boden sich die gewaltigsten Kämpfe der Gegenwart abspielen müssen.»

Alle Kunstkrisen dieses Jahrhunderts beruhen darauf, daß die Künstler sich zwar ihren Schaffensprozeß bewußt machen wollen, aber keine brauchbaren, das heißt spirituellen Anschauungen dafür haben. Darum stehen sie immer ratloser vor der Frage: Was ist eigentlich der Mensch?

«Darin liegt aber gerade die Unvollkommenheit vieler Kunstwerke, daß die schöpferische Betätigung durch sich selbst über die Natur hinausführt und daß der Künstler nicht weiß, wie das aussieht, was nicht in die sinnliche Beobachtung fällt.» Mit diesen fundamental-einfachen Worten aus dem Zwischenspiel seines Mysteriendramas «Die Pforte der Einweihung» (1910) hat Rudolf Steiner das Problem umschrieben, auf das es bei aller Kunstbetätigung ankommt: *auf das Verhältnis des Künstlers zu einer realen geistigen Welt.* Alles andere ist unfruchtbar.

Der Maler *Paul Klee* hat einmal auf die Frage, wie er den Gefahren der Phantasie entgehe, geantwortet: «Die Phantasie ist in der Tat... der fatale Irrweg für alle, die ohne Schau in die geistige Wirklichkeit sind und diese bewußt oder unbewußt vortäuschen. Wir müssen ganz aufrichtig und getreu der Bewußtseinsverlagerung dienen, die unsere Generation erfahren hat oder erfährt. Ich sage es oft, aber es wird manchmal nicht ernst genug genommen, daß sich uns

Welten geöffnet haben und öffnen, aber in die nicht alle Menschen hineinblicken, vielleicht wirklich nur die Kinder, die Verrückten, die Primitiven. Ich meine etwa das Reich der Ungeborenen und der Toten, das Reich dessen, was kommen kann, kommen möchte, aber nicht kommen muß.»[1]

Es haben sensible Künstler empfunden, daß mit dem 20. Jahrhundert eine Bewußtseinsverlagerung stattgefunden hat, daß sich neue Möglichkeiten auftun, ein «lichtes Zeitalter», in welchem eine Brücke zur geistigen Welt wieder gefunden werden kann. *Franz Marc* schrieb 1912: «Wir suchen hinter dem Schleier der äußeren Erscheinungen verborgene Dinge, die uns wichtiger erscheinen als die Entdeckungen der Impressionisten... Die Kunst in ihrer reinsten Form ist immer die kühnste Trennung zwischen Natur und der ‹Naturalität› gewesen. Sie ist die Brücke zur geistigen Welt.»[2] Das bedeutet: die Grenze von der Körperwirklichkeit zur Geistwirklichkeit zu durchbrechen, zu er-üben ein neues Sehen, neues Hören; Farbe, Form und Linie sowie Ton und Laut loszulösen von der physischen Gebundenheit, ihren Ausdruckswert als Kunstmittel zu ertasten und diesen zu steigern zu Imaginationen und Klanggebilden einer seelisch-geistigen Daseinswelt.

Nur wo das innere Verhältnis der Kunst zu einer objektiven geistigen Wesenswelt *ernst* genommen wird, darf auch von «Esoterik» gesprochen werden. «Jede künstlerische Betätigung hat auch ihre esoterische Seite, insofern, als eine gewisse Grundlage da sein muß für *das Herausarbeiten des Künstlerischen aus der geistigen Welt.* Vergißt man, daß das Künstlerische aus der geistigen Welt herausstammt, wenn es wirkliche Kunst ist, so muß entweder notwendigerweise Routine eintreten oder aber ein unkünstlerischer Naturalismus an die Stelle der Kunst treten.»[3]

Die esoterische Seite der Kunst heißt also: «gewisse Grundlagen» zu schaffen dafür, daß die Kunst wirkt «wie aus der geistigen Welt heraus». Und damit ist das wesentliche Kriterium aller Kunstwirkung ausgesprochen, worauf Rudolf Steiner schon vor hundert Jahren (1888) in dem grundlegenden Vortrag «Goethe als Vater einer neuen Ästhetik» hingewiesen hat: *die Sinneswelt soll erscheinen als wäre sie Geist.* Von dieser Voraussetzung sind die folgenden Betrachtungen ausgegangen und von daher können sie verstanden werden.

Zuletzt ein Wort *Friedrich Schillers:* «Darstellung des Leidens – als bloßes Leiden – ist niemals Zweck der Kunst; aber als Mittel zu ihrem Zweck ist sie derselben äußerst wichtig. Der letzte

Zweck der Kunst ist die Darstellung des Übersinnlichen, und die tragische Kunst insbesondere bewerkstelligt dieses dadurch, daß sie uns die moralische Independenz von Naturgesetzen im Zustand des Affektes versinnlicht.» So beginnt der Dichter seine Abhandlung «Über das Pathetische», wobei für ihn das Übersinnliche alles Moralische und Ideelle umfaßt: «Jede Erscheinung, deren letzter Grund aus der Sinnenwelt nicht kann abgeleitet werden, ist eine indirekte Darstellung des Übersinnlichen.»

Zu Seite 12:

Prolog im Himmel, «Faust» I von Goethe. Goetheanum-Bühne 1986/87. Eine Dichtung wie Goethes «Faust» setzt voraus das Ernstnehmen einer kosmisch-geistigen Welt. Die Darstellung des «Prolog im Himmel» wird dabei immer ein besonders schwieriges Problem sein. Bei allen Abwandlungen ist man am Goetheanum aus einer *inneren künstlerischen Notwendigkeit* heraus den Anregungen treu geblieben, welche Rudolf Steiner für die Darstellung dieser Szene am ersten Goetheanum Silvester 1922 gegeben hat. (Siehe deren Beschreibung in: Heinz Müller, Spuren auf dem Weg, Stuttgart 1970, S. 59.) – Die Engel-Chöre gewinnen durch die Eurythmie Leben und Bewegung in wechselnder farbiger Beleuchtung. Die schwarze Gestalt des Mephistopheles, aus der Versenkung vor ihnen auftauchend, wirkt dagegen hart konturiert und halb silhouettenhaft. Er trägt «Drachenflügel», die ihn als ein kosmisches Wesen kennzeichnen, und seine Sprechart muß in dieser Szene, wo er der «Stimme des Herrn» antwortet, der selber unsichtbar bleibt, ebenfalls übermenschliche Größe haben (vgl. S. 36). Die Chöre der Erzengel werden von einem gleichfalls unsichtbaren Sprech-Chor gesprochen.

Himmlische Heerscharen – Eurythmie; Mephistopheles: Wolfgang Greiner
(Foto: Hans Gross)

Der Körper als künstlerisches Instrument

Das Instrument des Schauspielers, des Bühnenkünstlers ist er selbst. Und das Kunstwerk, das er schaffen will, muß er aus diesem Instrument seines eigenen Körpers holen. Der Menschendarsteller muß die Geduld aufbringen, durch eine geisteswissenschaftliche Menschenkunde – eine materialistische ist dazu untauglich – dem Menschenwesen abzuringen die Möglichkeit, eine «Brücke zum Geist» zu bilden. Die *Kunstmittel selbst* – nicht nur der intellektuelle Inhalt des Dargestellten – müssen diese Brücke bauen. Die Geduld, in eine spirituelle Menschenkunde unterzutauchen, wird reich belohnt dadurch, daß dieses Untertauchen selbst zu einem künstlerischen Erlebnis werden kann.

Vielleicht ist kein anderer Künstler so bereit wie der Schauspieler, das anzuerkennen, was die Geisteswissenschaft über *die Viergliedrigkeit der menschlichen Organisation* zu sagen hat, denn er hat mit den Kräften dieser Organisation schon in einem unterbewußten «Fühl-Wissen» gearbeitet, das aber heute ins wache, erkennende Bewußtsein gehoben werden muß. Der Schauspieler lebt in dem *Gebärden- und Bewegungs-Element* seines Körpers, welches er in der einzelnen Rolle mehr oder weniger verselbständigt und leise loslöst von der physischen Gestalt. Wie sollte es ihn nicht auf das höchste befriedigen und beglücken zu hören, daß diesem Bewegungs-Menschen ein «Bewegungs-Leib» zugrundeliegt, eine selbständige übersinnliche «Fließ-Gestalt», die den physischen Körper überall formbildend durchströmt als Lebensorganisation; ein *Lebens– oder Ätherleib*, wie ihn die Geisteswissenschaft nennt, ohne welchen der physisch-mineralische Körper fortwährend zerfallen müßte, wie es am Ende des Lebens im Tode ja auch geschieht. Dieser göttliche Baumeister in uns ist der Form-Bewahrer und «Erinnerungsträger» unserer Gestalt, wie ihn noch der griechische Plastiker erlebte als Quelle der künstlerischen Form, wie der Läufer in Olympia ihn empfand als die Schwebekraft, die ihn über die Schwere hebt. Darum empfahl Rudolf Steiner dem Schauspieler das Üben der griechischen Gymnastik.

Dieser Ätherleib strebt, der Schwerkraft der Erde entgegen, in die Leichte, die ihr Zentrum in der Sonne hat. Er ist physisch nicht wahrnehmbar. Er ist ein *Zeiten-Leib*, der in den *Rhythmen* unseres Herzens-Lungen-Schlages pulsiert, Tag und Nacht, wie die Lebensquelle selbst. Wir können ihn gleichsam ertasten, wenn wir uns einmal – was ja selten genug geschieht – so recht *gesund* und *wohl* fühlen. Was ist das Charakteristische dieses Gefühls? Wir erleben dann gerade den physischen Organismus *nicht!* Der ist dann harmonisch eingebettet und durchströmt von der Lebensorganisation. Erst wenn dieses Durchströmtsein irgendwie gestört ist, fühlen wir uns «krank»; dann merken wir plötzlich, daß wir eine Physis haben, die der Schwere unterliegt.

Der Schauspieler aber müßte nun ungeheuer neugierig werden, diese seine Lebensorganisation immer bewußter «abzuspüren». Besonders, wenn er durch die Geisteswissenschaft erfährt, daß die kosmischen Form- und Bildekräfte dieses Ätherleibes die gleichen sind, die *den Lauten der Sprache gebärdenhaft* zugrundeliegen; daß er also schon durch seine Organisation gleichsam «schwimmt» im «Geistesmeereswesen» des Wortes, des Logos. Er muß also das «Wort» auch «aus dem Leibe», das heißt mit seinem *ganzen* Menschen und aus einem tieferen Bewußtsein als dem an den Kopf gebundenen hervorbringen. Er will es aus Traumestiefen ins künstlerische Bewußtsein heben, um die Leidenschaften miteinander kämpfender Menschen, um das Wesens-Innere von Göttern und Dämonen lautbar zu machen. Die Wortgestalt seiner Rolle wird er übend als einen Organismus erleben, der sich verselbständigt und abgelöst von seiner Alltags-Persönlichkeit.

Und da tritt das Problem auf: reicht mein gewöhnliches Bewußtsein dazu aus, mein alltägliches Denken und Vorstellen? Kann ich es verändern, erweitern? Muß ich *wacher* werden oder etwa mehr *träumen?* Oder gar mich «fallen lassen» in die Schlafestiefen des Unbewußten und warten, was dann wieder auftaucht? Wie soll ich als «moderner» Mensch eine antike Tragödie darstellen? Götter spielen, an die ich nicht mehr glaube?

Das ist ein Problem des künstlerischen *Bewußtseins.* Indem der Bühnenkünstler damit konfrontiert wird, kann er auch zur Anerkennung dessen kommen, was die Geisteswissenschaft als ein drittes Wesensglied des Menschen den *Astralleib* nennt, den Träger des Bewußtseins. Er führt im Spielen auf der physisch-ätherischen Organisation Wachen, Träumen und Schlafen herbei. Er bewirkt Licht und Finsternis im Inneren als Träger aller Empfindungen von «himmelhoch jauchzend» bis «zu Tode betrübt». Er ist – für den Sprachgestalter wichtig – der *Quellort der Sprache,* worüber später noch mehr zu sagen sein wird.

14 Als Träger des Bewußtseins ist dieser Astralleib in uns aber auch mit den Kräften des *Todes*

verbunden. Dieses offenbare Geheimnis nicht zu kennen, kann die Ursache vieler Zweifel und Verzweiflungen heutiger Künstler sein. Unsere *gewöhnlichen Bewußtseinsvorgänge* entspringen *nicht* einer Sphäre sprudelnden Lebens, sondern einer Welt leben-dämpfender, leben-zerstörender *Vernichtung!* Das denkende Bewußtsein beruht tatsächlich auf Abbau- und Todesvorgängen: es drängt die Organisation zurück und setzt sich an deren Stelle. Das kann sich steigern bis zum Schmerz. Bewußtsein ist ein feiner Schmerz, Schmerz ein gesteigertes Bewußtsein. Dem Ätherleib in uns als dem Träger des *Lebens* verbindet sich der Träger des *Todes,* der astralische Leib. Die Lebensprozesse lassen uns dumpf und dunkel, der Tod erweckt uns zum Licht des Bewußtseins. Aber wir müssen immer wieder in das Dunkel des Unbewußten tauchen im Schlaf, wo der Astralleib sich von uns löst und in seiner Sternenheimat weilt, sonst würden wir physisch nicht leben können.

Von all dem muß der Künstler ein Verständnis sich erwerben, denn er muß diesen «Seelen-Leib», den Träger seiner Empfindungen, Emotionen und Willensimpulse, mit der Zeit beherrschen lernen und «in den Griff bekommen.» Und wenn er zu der Überzeugung gelangen kann, daß tatsächlich in diesen Seelenleib fortwährend die Sternenkräfte hineinspielen, in die er jede Nacht zurückkehrt, dann kann ihn etwas wie ein heiliger Schrecken ergreifen, daß er es als Gestalter ja auch mit diesen kosmischen Wirkungen zu tun hat und daß er sein Bewußtsein noch über andere Welten als die irdischen erweitern muß.

Hätte der Mensch nur diese drei Wesensglieder – physischen, ätherischen, astralischen Leib –, müßte er auf der *Tierstufe* stehen bleiben und hätte drei Möglichkeiten nicht, die ihn als Menschenwesen auszeichnen: den *aufrechten Gang,* die *Sprache,* das vorstellende *Denken.* Sie kennzeichnen den Menschen als Träger eines *vierten* Wesensgliedes, eines *Ich,* einer Ich-Organisation, die ihn befreit von der Erdgebundenheit in der Aufrichtekraft, wodurch er zu freien *Gebärden* fähig wird, die sich metamorphosieren in die *Sprache* und schließlich zur Grundlage werden des bildhaft-bewußten *Vorstellens.*

Aus diesen drei Kräften besteht aber nun gerade alle Schauspielkunst: *Gebärde, Sprache* und alles *Bildhafte* einer «Vorstellung». Es gibt keine anderen als diese drei; wobei zur «Gebärde» natürlich die Mimik gehört als die Gebärde des Antlitzes, zur «Sprache» alles, was tönt, singt und klingt, und zum «Bild» alles Farbige von Kulisse und Kostüm in der entsprechenden Beleuchtung.

15

Schauspielkunst ist also recht eigentlich Offenbarung der *Ichheit.* Im Drama erlebt diese als individuelles Ich ein einmaliges Schicksal als den unverwechselbaren Ausdruck ihrer Entelechie. Aber der Dramatiker oder Schauspieler, der ein solches Schicksal gestalten will, muß erkennen, daß der naturalistische Aspekt dazu nicht ausreicht und daß das irdische «Ich» nur eine Spiegelung, ein Abbild ist einer geistigen, aus höheren Welten Schicksal schaffenden Individualität. Novalis unterschied das «absolute Ich» und das «empirische», das heißt im gewöhnlichen Bewußtsein gespiegelte, und frug: Wie wird das absolute Ich ein empirisches? Wie bekommt man das höhere Ich ins Erdenbewußtsein und in das irdische Handeln? Das heißt aber auch: Wie bringt man es in eine künstlerisch-sinnliche Gestalt. Und das ist das eigentliche Problem des dramatischen Künstlers.

Die Esoterik des Schauspielers beginnt mit der Erfahrung von den übersinnlichen Elementen seines Instrumentes, seiner viergliedrigen Leiblichkeit. Um sie kennenzulernen, muß er sich gleichsam von dieser Leiblichkeit etwas distanzieren, muß ihr gegenübertreten. Das gibt ihm aber auch die *Freiheit,* auf diesem Instrument immer besser spielen zu können. Und auf dieses Freiwerden kommt es immer mehr an. Auch für den *Zuschauer!* Wer den Menschendarsteller dort oben auf der Bühne nur als ein «großes Tier» betrachtet, kann nicht erwarten, durch ihn die Ich-Geheimnisse und Schicksalsrätsel einer Rolle entzaubert und vermittelt zu bekommen, die doch immer im Zusammenhang stehen mit einer geistigen Welt.

Übungen im Geist von Olympia

Wer als Künstler auf diese gegenwärtig mögliche Art geisteswissenschaftlicher Betrachtung die eigene Leibesorganisation kennenlernt, wird es leichter haben, Verständnis entgegenzubringen dem Hinweis Rudolf Steiners, der angehende Schauspieler solle die griechischen gymnastischen Tätigkeiten: *Laufen, Springen, Ringen, Diskus- und Speerwerfen* in seine Übungen einbeziehen. Er erlebt dann etwas anderes, als was man heute gewöhnlich mit «olympischen Spielen» verbindet, er erlebt eine Beziehung seines Körpers zum kosmischen Raum, zur Tiefe, zum Umkreis, zur Höhe. «Der Mensch bildet sozusagen aus seinem Verhältnis zum Kosmos heraus immer ein anderes Gebärdenverhältnis, wobei in der Gebärde zugleich das Dynamische, die menschliche Kraft liegt.»[4]

Im *Laufen* erlebt er ein Gleichgewichtsverhältnis zur Erde, und da er etwas von dem Ätherleib weiß, mag er sich dabei erinnern, wie die griechischen Zuschauer von Olympia, wenn die Läufer – aufrecht, nackt, ölglänzend in der heißen Sonne – mit schwingenden Armen durch knöcheltiefen Sand liefen, den Sieg jener überirdischen Kraft feierten, die im Menschen fortwährend als ein offenbares Geheimnis der Schwerkraft entgegenwirkt, jener *Schwebekraft*, die sonnengeboren ist, die ihr Zentrum in der Sonne hat und ihm ermöglicht, in jedem Augenblick die Aufrechte, das Gleichgewicht zwischen Erde und Sonne wieder herzustellen. Man empfand diese ätherische Kraft als ein Gnadengeschenk der *apollinischen*, der «oberen» Götter, denen die Spiele von Olympia geweiht waren.

Im *Springen* erfährt diese Kraft eine Steigerung durch die Eigendynamik des menschlichen Willens. Im *Ringen*, das ein Urbild ist des griechischen «Agon», tastet der Wille das Gleichgewicht ab mit dem anderen Menschen im Umkreis. Und vollends mit dem kosmischen Umkreis verbindet er sich, indem der *Diskus* dieser Schwebe– und Schwungkraft des Leibes folgt, die mit dem Weltenäther zusammenhängt. Im ausholenden Schwingen wird die Scheibe in die rhythmische Sphäre des Atmens, des Wortes gehoben. Das schwingende Gleichgewicht mit dem menschlichen Umkreis wurde in der mit dem Auge verfolgten Scheibe erlebt; heilige Verträge wurden oftmals geweihten Disken eingraviert. Man empfand beim Diskuswerfen aber auch etwas Gefährliches: die Seele kann den Flug nicht sicher beherrschen, oft wird von ungewollter Tötung erzählt. Apollo selber tötete mit dem Diskus zu seinem Entsetzen den schönen Jüngling Hyakinthos, aus dessen Blut, das in die Erde tropfte, er dann die Hyazinthe werden ließ.

Beim *Speerwurf* schließlich wird der Wille bis in die Gedankensphäre hinaufgetragen. Das Auge ergreift ein Ziel, greift bewußt in den Raum hinaus. Der Wurf beschreibt einen Himmelsbogen. Hier herrscht nicht träumendes Schwingen, sondern zielbewußte Sicherheit. Im Speerwurf hat der Wille die Sonnenhöhe des Gedankens erreicht. Die Beziehung des Speeres zum gedankenbeherrschten Wort wurde von den Griechen selbst empfunden: «Ich schwöre, daß meine Zunge wie ein aus Metall verfertigter Speer die Grenze nicht überschreitet.[5]

So wurde in diesem «Fünfkampf» der ganze Mensch von den Füßen bis zum Kopf hin harmonisiert, wurde ins Gleichgewicht gestellt zwischen Erden- und Sonnenkräften. Der moderne Schauspieler kann aus diesen Übungen die Haltung und Bewegung gewinnen, die er für die Bühne braucht: aus dem Laufen das *Gehen* auf der Bühne, aus dem Springen das durch die sprachlichen Impulse *modifizierte Gehen*, aus dem Ringen das *Gebärden-Verhältnis zum Partner*, aus dem Diskus-Werfen, das vom Auge begleitet wird, die *Mimik*, und aus dem Speerwerfen das *Sprechen*, soweit es mit dem gezielten Ergreifen der Umwelt verbunden ist.[6] Im Sinne der Griechen gesprochen, wäre dies der «*appollinische*» Anteil der Schauspielkunst, die bewegte Plastik des Körpers, der gottgegebenen Ich-Gestalt mit ihren Beziehungen zum *Raum*, deren Aufrechte und Gebärdenkraft aber auch die Sprache erst möglich machen. Sie wird zum Gefäß für ein Schicksal, das in der *Zeit* verläuft, für ein Tragik erlebendes «*dionysisches*» Ich, das sich mit seinen Leiden und Leidenschaften in sie ergießt, aus Erdentiefen aufsteigend, Todeskräfte mit sich führend, an denen dieses Gefäß schließlich zerbricht, im Zerbrechen aber die Größe der Menschen-Seele offenbarend.

Das Ringen der «apollinischen» und «dionysischen», der formbewahrenden und formzerstörenden Kräfte, das fortwährende Herstellen des Gleichgewichtes von Form und Inhalt macht den künstlerischen Zauber der Schauspielkunst aus.

Denken, Fühlen und Wollen als Weltenkräfte

Wenn wir uns nun diesem Innerlich-Seelischen, «Dionysischen» vom Aspekt einer esoterischen Schulung des Schauspielers zuwenden, seinem *Denken, Fühlen* und *Wollen,* so können wir fragen: Gibt es von daher *auch* eine Beziehung zum Kosmos, eine «Brücke zur geistigen Welt»? Und wie spiegelt sich dieses Seelenwesen in den Hüllen des Leibes?

Wieder darf man annehmen, daß es künstlerischem Fühlen leichter fallen könnte, sich in das imaginative Bewußtsein zu erheben, das zur wahren Erkenntnis des Seelischen erforderlich ist. «Im gewöhnlichen gegenständlichen Erkennen ist es unmöglich, das Seelische zu betrachten... Man muß sich gewissermaßen um eine Stufe *hinter* das seelische Leben zurückziehen, damit es *außerhalb* von uns zu stehen kommt...»[7] Und es ergibt sich einer «okkulten Psychologie», daß unser Seelenleben in einer Art von *intervallischem Spannungsverhältnis zwischen* den Wesensgliedern lebt und webt – eine gerade für künstlerisches Schaffen außerordentlich aufschlußreiche und befreiende Erkenntnis! Nicht *«aus»* dem Körper geht das Seelische hervor, es ist nicht «Produkt» desselben, sondern *an* dem vierfachen Hüllenwesen und *zwischen* demselben spiegelt es sich in lebendiger Art als ein selbständiges geistiges Wesen. Die Vorstellung, daß er sein Seelisches nicht aus dem Gehirn oder seinen Organen «herauspressen» muß, sondern daß diese nur der irdische *Spiegel* sind, an dem dieses Seelische zum Bewußtsein kommen kann, müßte für den Künstler eine ganz neue Art des Erlebens und Übens begründen.

So haben wir das *Denken* zu suchen lebend *zwischen dem physischen und ätherischen Leibe* und erkennen daran sogleich seine Möglichkeiten und Gefahren: es kann zu tief in die irdische Konturiertheit und Begrenzung herabgedrückt werden, die Begriffe werden immer undurchlässiger für Geistiges, es kann sich verkrampfen in die Welt des Todes oder, im anderen Fall, sich lösen und beweglich machen für das Mitgehen mit den formbildenden Lebensprozessen und Imaginationen der ätherischen Organisation. Zu dem ersteren neigen wir gewöhnlich in unserem materialistischen Zeitalter; das zweite müssen wir erst *üben,* was auch dem Künstler heute nicht leicht fällt, obwohl er dieses «lebendige Denken» – das nicht zu verwechseln ist mit einer auch nur leise «chaotischen Phantasie»! – dringend nötig hätte. (Siehe das Diagramm S. 81.)   19

Denn da findet er schon eine der Brücken zum Geist: in dieses intervallische Spannungsverhältnis spielen nämlich hinein die *kosmischen Gedanken, die Weltgedanken,* die in uns leben als die Kräfte des Wachstums, der Fortpflanzung, der Ernährung – des Lebens überhaupt. «In deinem Denken leben Weltgedanken» – so beginnt die Meditation, die den Professor Capesius in dem Mysteriendrama «Die Prüfung der Seele» so erschüttert.[8] Wir tauchen fortwährend mit unserem subjektiven Denken unter in dieses Weltendenken. Wir schöpfen aus ihm, aber wir decken es durch unsere Subjektivität gleichzeitig zu. «Aber gewissermaßen in *derselben Region* unseres menschlichen Wesens ist *beides* vorhanden: das objektive Gedankenweben und das subjektive Gedankenweben.»[9] Eine Tatsache, die einen Menschen, der das Geistige *ernst* zu nehmen beginnt, schon erschüttern kann. Nur strömt dieses Welten-Denken nicht wie das unsrige in bloß reflektierten Schattenbildern, sondern in wesenhaften Imaginationen an uns heran, zum Beispiel im Schlafe, wie es Goethe wunderbar urbildlich in der Ariel-Szene seines Faust dargestellt hat, wo ätherische Weltenkräfte als *Wesen* den Dahingesunkenen aufrichten:

«Wenn der Blüten Frühlingsregen
Über alle schwebend sinkt,
Wenn der Felder grüner Segen
Allen Erdgebornen blinkt,
Kleiner Elfen Geistergröße
Eilet, wo sie helfen kann,
Ob er heilig, ob er böse,
Jammert sie der Unglücksmann...»[10]

Die Weltgedanken sind Wesen von «Geistergröße», welche das ätherische Leben im Schlaf erneuern, und die ersten Worte des erwachenden Faust tönen heraus aus diesem kosmischen Gefühl des Eins-seins mit den Lebenskräften der Erde:

«Des Lebens Pulse schlagen frisch lebendig,
Ätherische Dämmerung milde zu begrüßen.
Du, Erde, warst auch diese Nacht beständig
Und atmest neu erquickt zu meinen Füßen...»

Welcher Schauspieler, welcher *Chor* kann solche Verse so sprechen, wie sie vom Dichter aus der
vollen Reife seines geistigen Erlebens innerlich erlauscht wurden, als *Weltgedanken* in Bildge-

staltung und Bewegungsgebärde bis in den einzelnen Laut! «Aleph» und «Elfe» sind nahverwandt! Davon später mehr.

Unser *Fühlen* bewegt sich intervallisch *zwischen Astralleib und Ätherleib,* und wir erkennen: je tiefer es sich dem Ätherisch-Physischen verbindet, erleben wir Lust oder Unlust der Lebensprozesse und die Schmerzen der Zerstörung; je mehr es sich löst, lebt es im Innern – etwa als Stimme des Gewissens – und neigt sich im Schlaf den Sternenkräften des Astralleibes. In unser gewöhnliches Fühlen spielen aber *auch* Kräfte herein, die wir mit dem Tagesbewußtsein zudecken: das sind die *Träume.* Was in unseren Träumen nicht als Inhalt, sondern als innerliche Regsamkeit lebt, als dramatisches Erleben, als ein Abtasten und Abspüren von Weltenkräften, das taucht jeden Morgen vor dem Aufwachen unter in unsere Organisation und spiegelt sich herauf als unsere Gefühle. «Die Gefühle sind in unsere Organisation untergetauchte Träume.»[11] Indem wir «fühlen», träumen wir auch während des wachen Lebens. Der Künstler fühlt sich gedrängt, *unter* die Oberfläche dieser Gefühle zu tasten und dieses Traum-Leben, das ein Weltenkräfteleben ist, heraufzuholen und in *Bilder* zu verwandeln, in Sprachbilder, Sprachrhythmen, Imaginationen. «In deinem Fühlen weben Weltenkräfte.»[12] Auf diese Weise erfaßt man das Seelenleben *objektiv.* Wie viel hat Rudolf Steiner in seinem Dramatischen Kurs über die Bedeutung des *Traumlebens* für den Schauspieler gesprochen, über den Traum-Charakter der dramatischen Kunst überhaupt, bis ins Bühnenbild, wie wir noch sehen werden (siehe Diagramm S. 81).

Und was im *Wollen* lebt, das enzieht sich völlig unserem gewöhnlichen Bewußtsein, denn mit jedem Willensakt gehen wir aus unserem Leibe so heraus, wie wir das sonst im Schlafe tun. Die Willenstätigkeit als solche verschlafen wir, weil sie sich im Außer-Leiblichen, im Geistigen vollzieht, wo auch unser wahres Ich urständet. Wir gehen im Wollen, das sich *zwischen atralischem Leibe und Ich* abspielt, in die *Wesenswelt,* wo unser Ich mit anderen Weltenwesen wirkt. «In deinem Willen wirken Weltenwesen.»[13] «Wir werden tatsächlich im Wollen von unserer Organisation frei. Wir verbinden uns mit der realen Objektivität... So daß sich das Wollen tatsächlich eigentlich unabhängig vom Leibe vollzieht.»[14] Was wir vom Wollen erleben, ist bloß der gedankliche Inhalt.

Für den Künstler und Kunstpädagogen hat diese erstaunliche Tatsache die Konsequenz, «Wille» nicht in nervlicher Anspannung und «Ballung» der Muskeln zu erleben, wodurch das

Seelische gerade zurückgehalten und an den Körper gefesselt wird, sondern durch Wärme-Impulse in die Dinge unterzutauchen, «aus sich herauszugehen», leib-frei zu werden. Der Lehrer soll seine Schüler heraus-locken, heraus-lockern duch Welt-Interesse und Welt-Liebe aus der oftmals durch *vorgestellten* «Willen» sich verkrampfenden Organisation. Wie mancher Schüler, dem man sagte: Streng dich doch mehr an! ist durch ein Malträtieren seiner Physis immer schwächer geworden! Der Wille wird getragen von der Pulsation des *Blutes* und seiner *Wärme,* die ausstrahlend sich in den Umkreis ätherisiert.

Eine vierte Seelenbetätigung haben wir zu suchen *zwischen dem Ich und dem physischen Leib: das Wahrnehmen durch die Sinne.* Die geisteswissenschaftliche Menschenkunde kennt nicht nur fünf oder sechs Sinne, sondern zwölf.[15] Es schiebt sich in die Sinnes-Empfindungen von außen hinein der irdische Welt-Inhalt, der *Welt-Stoff.*[16] Der Künstler muß diese zwölf Sinne in ihrer Eigenart, in ihrer Beseeltheit erleben lernen, besonders denjenigen Sinn, der am stärksten mit *seiner* Kunst zusammenhängt. Beim Schauspieler ist es vor allem der *Eigenbewegungssinn,* beim Eurythmisten der *Gleichgewichtssinn* und so weiter. Es sind dabei immer noch andere Sinne beteiligt, aber beim Schauspieler beginnt das Esoterische seiner Kunst schon mit den einfachsten *Übungen des Eigenbewegungssinnes,* von denen im folgenden die Rede sein soll (vergleiche die Zusammenfassung dieses Abschnittes in dem Diagramm S. 81).

Elementar-Übungen des Gebärdenhaften

Wir beginnen mit Vor-Übungen, die wir dem Buch von *Michael Tschechow* entnehmen: «Werkgeheimnisse der Schauspielkunst» (Zürich 1979). Tschechow hat diese Dinge aus dem Geist des Dramatischen Kurses von Rudolf Steiner gefunden und mit Schülern in schwierigsten äußeren Verhältnissen erprobt. Er spricht zunächst von drei grundlegenden Voraussetzungen für alles Gebärdenhafte: von einem *imaginären Zentrum* aller Gebärde, das er in der Brust, also im Herzen annimmt. Uns scheint aber, daß mit diesem Zentrum nicht ein *seelischer,* sondern ein *Bewegungs-Schwerpunkt* verbunden werden muß, ein Hypomochlion für den Eigenbewegungssinn, das etwa hinten *im Kreuz* liegt als dirigierendes Zentrum für den Ansatz jeder, auch der kleinsten Gebärde. Die Brust muß eine freie Sphäre bleiben für das Spiel des Atems und der Sprache.

Das *zweite* ist: von diesem Zentrum aus muß ein *Bewegungsstrom* fließen. «Das heißt: zuerst sende den Bewegungsimpuls, dann folge mit der Bewegung.» (Tschechow, S. 21) Hier wird Menschenkunde *Praxis,* indem der Schauspieler lernt, den ätherischen Menschen in sich zu ergreifen, indem er dessen Lebens- und Leichtekraft gleichsam in den Raum wirft und das Physische folgen läßt. «Im Besitze dieser Energiequelle wirst du fühlen, was des Schauspielers Gegenwart auf der Bühne heißt.» (S. 21) Ergänzt muß aber werden, daß dieser Kraft-Impuls nicht nur der Bewegung *vorangeht,* sondern auch *nachschwingen* soll. Erst dadurch ergibt sich die «Präsenz» des Schauspielers, die nie ein bloßes «Dastehn» ist. Der Kraftstrom muß immer über die Grenzen des Körpers hinausstrahlen, die Gebärde endet nicht an den Fingerspitzen. Man muß das Gefühl des Ätherleibes haben als eines sozusagen «idealen Körpers», einer Idealgestalt; dann kann man auf der eigenen, vielleicht nicht immer gerade «idealen» Leiblichkeit spielen wie auf einem gut gestimmten Instrument.

Das *dritte* wäre (nach Tschechow): die *Luft als ein Widerstand leistendes Medium* zu empfinden und zu formen um sich herum, nicht nur mit Händen und Armen, auch mit den Schultern, dem Rücken, der Stirne. «Wie ein Bildhauer modelliere ich den Raum um mich herum. Die Bewegungen meines Körpers schaffen Formen.» (S. 21) Die geistigen Wirkungen des *Raumes,* in denen sich die Schauspielkunst bewegt und die von modernen Regisseuren geahnt werden – Robert Wilson sucht sie durch eine Licht-Magie sichtbar zu machen, in die er die Darsteller bewußt hineinstellt –, sie sollten von Anfang an im Bewußtsein der schauspielerischen Ausbildung leben.

Tschechow fand *vier Arten* von Bewegungen, die als elementare Vorübungen den Schauspieler in den «Vorhof der Esoterik» führen können: *«formende»*, *«fließende»*, *«fliegende»*, *«ausstrahlende»* (S. 21 f). Man erkennt unschwer in ihnen das Wesen der *Elemente,* wie sie in den Mysterien noch seelisch erlebt wurden als «Erde», «Wasser», «Luft» und «Feuer». *«Formende»* Bewegungen wird etwa ein Redner machen, der einen Gedanken oder einen Gegenstand genau beschreibt oder eine Landschaft nachzeichnen will; *«fließende»* einer, der sich die Hände reibt als glücklicher Gewinner oder als Diplomat, der sie in Unschuld wäscht, ein Kellner, der nicht «geht», sondern «gleitet», damit die Platten im Gleichgewicht bleiben! Höfliche Menschen haben fließendere Bewegungen als unhöfliche! *«Fliegend»* wird die Gebärde, wenn der Mensch seelisch gejagt wird, hierhin und dorthin, die Arme vor Entsetzen oder Freude in die Luft wirft; *«ausstrahlend»* durch eine selbstbewußte, ichhaft-weisende, energische, gütige oder segnende Seelenhaltung, von der etwas Feurig-Lichthaftes ausgeht.

Nach diesen elementarischen, man könnte sagen *«Temperaments-Übungen»* im Gesten-Erleben, kann man dann übergehen zur eigentlichen *Seelengebärde.*

Die sechs Offenbarungen der Sprache
als Seelen-Gesten

Im zweiten Vortrag seines Dramatischen Kurses, der die Überschrift trägt «Die sechs Offenbarungen der Sprache», beginnt Rudolf Steiner gleichsam den Einstieg in das Wesen des Sprachlichen, indem er von der Frage ausgeht: «Was alles kann denn die Sprache und was soll sie, ins Künstlerische erhoben, in der Sprachgestaltung können?»[17] Und er kommt zu *sechs Sprach-Offenbarungen* mit *sechs Grundgebärden* und *sechs Stimm-Nuancen,* von denen gesagt wird – für manchen gewiß überraschend und zunächst vielleicht mit Skepsis und Kopfschütteln aufgenommen: «Außer diesen sechs Offenbarungen der Sprache, die schon in den griechischen Mysterien als die sechs Nuancen der Sprachgestaltung genannt wurden, in deren Sinn gelehrt wurde, außer diesen sechs Nuancen der Sprachoffenbarung gibt es keine weiteren. Man kann alles, was in Sprachoffenbarung gebracht wird, unter eine dieser Nuancen fassen. Und derjenige, der das Sprechen zum Bewußtsein heraufheben will, muß versuchen, diese Nuancen mit Bezug auf die Sprachgestaltung zu studieren.»[17]

Das Erstaunen über diese Tatsache, warum es gerade *sechs* solcher Uroffenbarungen alles Sprachlichen geben soll, wird erhellt, wenn man auf diese Seelengesten näher eingeht und erkennt, daß hier dem Willensbereich des Sprechens die drei Seelenkräfte des Menschen in polarer Art zugrundeliegen: *weltzugewandt* oder *weltabgewandt.* Unsere Gebärden bedeuten ja stets ein Willensverhältnis zur Welt und zu uns selbst: wir können uns der Welt hingeben oder uns von ihr zurückziehen auf uns selbst, wir können sie lieben oder hassen. Und so erlebt man im Üben eine *dreifache Polarität* von Denken, Fühlen und Wollen in ihrem Gebärdenverhältnis zur Welt.

Das *Fühlen* berührt in Sympatie liebevoll die Welt, stößt sie in Antipathie zurück. Das *Wollen* tastet sich hinein in die Welt – «tasten gegen Widerstände» – oder zieht sich aus ihr zurück – «zurückziehen auf sich selbst.» In der «deutenden», gestreckten und in der «bedächtigen», an sich haltenden Gebärde strahlt etwas vom *Denken* in die Gebärdensprache hinein: entweder erkennend, hinweisend auf die Welt – «da! dort! sieh nur!» – oder sie bedächtig erkennend in sich einströmen-lassend, dabei die Gebärde an sich haltend: «Welch wundervolle Landschaft ist das!» oder bei einem Unglück: «Das ist ja eine schöne Bescherung!» dabei vielleicht die Arme in die Seite gestemmt. Dabei gibt es natürlich die Fülle der *Misch-Gebärden:* «warnen» aus Deuten und Tasten, «drohen» aus Tasten und antipathischem Abschleudern und so weiter. Aber das Erleben der sechs Grundgebärden als ein *polares Welt-Verhältnis der drei Seelenkräfte, in die* Welt oder *aus* der Welt, kann ihre künstlerische Wirkung im Üben steigern.

Das Studium dieser Gebärden soll die Vorbereitung sein dafür, «von der Gebärde in eindeutiger Weise zum Worte zurückzugehen», zunächst zu den *sechs Sprachoffenbarungen,* aus denen alle Sprachkunst erstehen kann. Welche Möglichkeiten in ihnen liegen, das muß in einmaliger Weise schon während des Dramatischen Kurses selbst herausgekommen sein, wenn wir hören, wie ein teilnehmender Berufsschauspieler die Wirkung schildert, die entstand, *wenn Rudolf Steiner selbst vorspielte:* «Seine ausdrucksvollen Gebärden standen in vollem Einklang mit seiner Wortgestaltung. Die reichen Stimmnuancen seiner Intonation entsprachen überzeugungsvoll der uns mitgeteilten, aus der Gebärde geborenen Ausdruckskraft des schneidenden, vollen, zitternden, sanften, harten, kurz abgesetzten oder lang gezogenen Wortes. Es war einmalig überzeugend, besonders für den wachen, geschulten Hörer, der erleben konnte, wie die Möglichkeit aufgetan wurde, daß in die Bühnensprache ein gänzlich Neues, unerhört-lebensvoll Erweckendes, den geistigen Hintergrund der Dichtung voll Durchkraftendes nun einziehen kann ... Gerade durch diese verschiedenen Stimmintonationen werden wieder Weltenkräfte in die menschliche Sprache einziehen können ... Eine solche Variabilität des Charakterisierens hatte ich noch nie, selbst bei den berühmtesten Schauspielern erleben dürfen ... Was er nun an realer dramatisch durchseelter Geistkonkretheit bot (auch im Monolog des Hamlet im letzten der neunzehn Vorträge), sprengte alle Grenzen bisheriger Schauspielkunst.»[18]

Sollten also Zweifel entstehen, ob die Angaben des Dramatischen Kurses wirklich zu einer Erneuerung der Schauspielkunst führen können, so liegt das nur daran, daß offenbar seit dieser Darstellung durch Rudolf Steiner noch niemand so aktiv und lebendig sich diese Angaben «einverleibt» und «anverwandelt» hat, daß durch die Praxis diese Zweifel behoben würden. Aber man kann auch aus bescheidenen Ergebnissen schon ahnen, daß dieser Weg ein fruchtbarer ist, der aus der materialistischen Sackgasse der Gegenwart herausführen kann. Wer seine «künstlerische Freiheit» durch diese sechs beziehungsweise sieben Stimm-Nuancen beeinträchtigt glaubt, möge bedenken, daß dabei die *individuelle,* durch die *Persönlichkeit* des Schauspielers gegebene *Art der Behandlung* dieser Nuancen ganz offen bleibt!

Rudolf Steiner schloß das Kapitel über die sechs Grundgebärden und die sechs Sprachoffenbarungen (den zweiten Vortrag des Dramatischen Kurses) ab mit einer Art *Meditation:* «In der Gebärde lebt der Mensch. Der Mensch selber ist da in der Gebärde. Die Gebärde verschwindet hinein in die Sprache. Wird das Wort intoniert, dann erscheint der Mensch wiederum; der gebärdenbildende Mensch erscheint im Worte wieder. Und in dem, was der Mensch spricht, finden wir den ganzen Menschen. Aber wir müssen die Sprache zu gestalten wissen. Und so haben wir, wie gesagt, etwas wie ein Vermächtnis derjenigen Zeiten, in denen die Sprache noch Mysterieninhalt war: *Im Sprechen ist die Auferstehung des in der Gebärde verschwundenen Menschen.»*

«Faust» I von Goethe, Garten von Marthe Schwerdtlein.
Derselbe Satz in verschiedenen Gebärden. Den ironischen Ausspruch des Mephistopheles: «Mit Frauen soll man nie sich unterstehn zu scherzen!» kann man sowohl mit der «deutenden» Gebärde begleiten wie mit «zurückziehn auf sich selbst». Das bleibt der Freiheit und Spontanität des Darstellers überlassen; wobei im lebendigen Zusammenspiel der sensible Partner s e i n e Gebärden instinktiv auch variieren wird. Ein Beispiel für viele!

Marthe Schwerdtlein: Waldtraut Baravalle; Mephistopheles: Wolfgang Greiner.

(Foto: Hans Gross/ Walther Roggenkamp)

«Faust» I von Goethe:
Der Nachbarin Haus.
Mephistopheles empfiehlt Gretchen einen «Galan»,
solang es nicht «ein Mann» sein kann, und erwidert
auf ihren Einwand, daß dies nicht des Landes
Brauch sei: «Brauch oder nicht! Es gibt sich auch.»
Die Gebärde dafür entsteht spontan aus der «Hä-
me» des Teufels, die ungefähr besagt: Gegen das
Sich-Verlieben kannst du nichts machen, du wirst
schon sehen, wie machtlos du dagegen bist – trotz
allem «Brauch» – und ist dann zur Überraschung
des Darstellers, was Rudolf Steiner die zur
«Entschlußunfähigkeit» gesteigerte «Bedächtigkeit»
nennt.

(Foto: Walther Roggenkamp)

«Faust» II von Goethe:
Hell erleuchtete Säle.
Und wieder, für den Schauspieler selbst überra-
schend, eine ganz ähnliche, etwas elegantere, mit
Sympathie gemischte Gebärde, wo am Kaiserhof
Mephistopheles der «Blondine», die ihn um ein
Mittel gegen Sommersprossen bittet, erwidert:
 «Schade! So ein leuchtend Schätzchen,
 Im Mai getupft wie eure Pantherkätzchen!»
Die entsprechende Gebärde wird nicht «ausge-
dacht», sondern entsteht aus der Phantasie, aus der
Empfindung der Situation. Ist sie aber gefunden,
bemerkt man, daß sie tatsächlich eine der mannig-
faltigen Möglichkeiten der sechs oder sieben «Ur-
gebärden» ist.

Gretchen: Sighilt von Heynitz; Blondine: Sylvia Baur; Mephisto: Wolfgang Greiner   *(Foto: Hans Gross)*   29

Die künstlerische Behandlung der Sprache

Sprache ist für das Alltagsbewußtsein «tot» und ohne Eigenleben. Wir benutzen sie im menschlichen Verkehr als «Verkehrszeichen», wir heften sie als «Etikette» den Erscheinungen auf, wir hören wie durch «Zeichen» durch sie hindurch auf die Inhalte der physischen oder Begriffs-Welt. Wie können wir sie für das künstlerische Bewußtsein *lebendig* machen, so daß sie ihr geheimnisvolles Eigenleben offenbart und wir mit diesem spirituellen Schlüssel die Welt entzaubern? Die meisten Menschen glauben gar nicht, daß Sprache noch etwas anderes sein kann als die «Münze», die wir zur täglichen Verständigung brauchen. Der Schauspieler und Rezitator aber kann nicht die «Brücke zum Geist» schlagen mit einem Kunstmittel, das nicht selber Geist ist.

Eine geisteswissenschaftliche Menschenkunde zeigt uns, daß das Sprechen vom *astralischen* Leibe ausgeht, von einem astralischen Leibe freilich, der von einem *Ich* berührt und durchdrungen wird, weswegen es das Tier, ohne ein solches Ich, von sich aus nicht zum Sprechen bringt. Da der menschliche Astralleib *zwischen* diesem Ich und dem Ätherleib sich bewegt, wird sogleich ein Urphänomen des Sprechens begreiflich: das *Vokalisieren* und das *Konsonantisieren*. «Der *Vokal* entsteht dadurch, daß der Impuls des Sprechens beim Menschen vom astralischen Leib, wo er urständet, übergeht an den Ätherleib.»[19] Wenn der Astralleib also untertaucht in den *Lebensstrom* leiblicher Prozesse, die sich tief im Unterbewußtsein des Menschen abspielen, und aus diesem Eintauchen für die Sprache dann das Vokalische hervorquillt, so wird dieses Vokalisieren *unterbewußter* gestaltet als die Sprache im allgemeinen. Dafür liegen auch *starke seelische Intimitäten* des Sprechens im Vokalisieren, bis zu Äußerungen animalischer Art: alles spontane Schmerzerleben, Freude und Furcht, Lust und Unlust; alle innerlichen Seelen-*Farben* von hell bis dunkel leben im Vokal.

Nach der anderen Seite, wo das Astralische «anstößt» an das Ich, entsteht der *Konsonant* als das bewußtere Ergreifen der Welt, besonders der äußeren, der Welt der Sinne, der Welt der bewegten *Formen*. Vokal ist *Farbe*, Konsonant die *Form* der Sprache, und sie durchdringen sich wie «Seele» und «Welt» in jeder Silbe sich durchdringen. Indem das Sprechen hier auf intime

Vorgänge in den menschlichen Wesensgliedern zurückgeführt wird, fällt von der Geisteswissenschaft aus ein Licht auf jene «philosophische Anthropologie», um die sich eine neuere Poetik bemüht hat: «nachzuweisen, wie das Wesen des Menschen im dichterischen Schaffen erscheint», indem sie erkannt hat: «Die Begriffe lyrisch, episch, dramatisch sind literaturwissenschaftliche Namen für fundamentale Möglichkeiten des Daseins überhaupt.»[20]

Damit diese Möglichkeiten aber – im Drama etwa – künstlerisch zur Erscheinung kommen können, muß die Sprache, bis in den einzelnen Laut hinein, verwandelt und erlöst werden zur *bewegten Gebärde*. Der Schauspieler muß lernen, die Sprache selbst als Gestus, als Gebärde zu empfinden, die sich mit seiner Geste verbindet. Das tut nämlich das gewöhnliche, das intellektuelle, auf Begriffe und Ideen sich stützende Sprechen nicht, das durch die Lautgestalt hindurch bloß auf den *Inhalt* der Worte gerichtet ist. «Das moderne Bewußtsein lebt dem Sprechen gegenüber ganz in der *Ideenempfindung*, es hat die *Laut- und Wortempfindung* fast verloren. Aber in der Ideenempfindung geht auch die *sinnlich-wahrnehmbare Geistigkeit* verloren, die das Wesen aller Kunst ist.»[21]

An diesem Ausspruch Rudolf Steiners werden sich alle Künstler stoßen, die gerade im «Unhörbaren», im «Schweigen», im «Verstummen», im «Intervall» das Geistige sehen, das der Zuhörer ahnen und vermuten soll. Da die Sprache – eben wegen ihrer erstorbenen, konventionellen Hülsenhaftigkeit! – verdächtigt wird, ein untaugliches Instrument für Seelisches und Geistiges zu sein, möchte man sie am liebsten ausschalten, wenigstens auf ein Minimum des «Zeichenhaften» beschränken.

Und in der Tat: es sind in unserem Jahrhundert Dinge geschehen und geschehen noch, die so entsetzlich sind, daß die Sprache, wie sie gegenwärtig ist, an ihnen wie abprallen und verstummen muß. Und viele Dichter fühlen sich gezwungen, das eigentlich Furchtbare, das sie nicht schildern können, nur mit Andeutungen einzuleiten und dann abzubrechen, um der Phantasie des Lesers zu überlassen, das Grauenhafte zu *ahnen*. Und man muß gestehen, daß das «Ungesagte», das vorzustellen man sich selbst überlassen ist, einen oftmals mehr beunruhigt, verfolgt und bewegt als das fertig Geformte, weil es in einem unerlöst weiterlebt und weiterwühlt und auf Erlösung wartet. Die Dichter aber zweifeln, ob die Sprache je wieder erlösen, heilen, beschwören kann, wie sie es einstmals tat, als sie aus den Mysterien hervorging, in denen sie sogar *magisch* wirkte. Und es ist ganz offensichtlich, daß wir mit den Problemen unseres

20. Jahrhunderts nicht zurechtkommen auf dem Felde der *Kunst,* wenn diese nicht wieder mit *Erkenntnis* und mit *Kultischem* sich durchdringt, wenn nicht wieder ein Geistesleben entsteht, das eine *Wiedervereinigung ist von Kunst, Wissenschaft und Religion.* Die «fundamentalen Möglichkeiten des Daseins» sind noch lange nicht erschöpft, und der Mensch wird lernen müssen, die in ihm schlummernden Erkenntnisfähigkeiten zu entwickeln, welche die chaotischen Verhältnisse der Gegenwart auf allen Gebieten ins rechte Licht zu rücken vermögen, ein Licht, das besonders auch das Rätsel des Bösen beleuchten kann.

Wer als Dichter sich heute den Schicksalen der Märtyrer zuwendet, die so Unsägliches erlitten haben, muß seine Gedanken und Empfindungen in die Welten lenken, wo ihre Seelen *jetzt* weilen und Hilfe brauchen. Ein Dichter wie Albert Steffen hat dies in seinem ganzen Werk versucht und dafür auch eine geistgemäße Sprache gefunden. Er schrieb einmal: «Die Sprache hängt wie ein Vorhang vor der geistigen Welt. Er ist bei jedem Menschen von einer anderen Dichtigkeit. Ja, er hat bei vielen Leuten mehrere Schichten. Aber bei echten Dichtern wird er durchlässig. Es schimmert Licht von der Seite der Geburt, es sickert Liebe von der Seite des Todes herein. Schon in den Kindheitserinnerungen und in den Altersverklärungen sind solche Regungen von jenseitigen Sphären zu spüren. Diese verleihen den Wortfolgen Melos und Rhythmus... Aber dazu muß man die Seele vorbereiten. Man muß sie selbstlos machen, bis sie fähig wird, alle Wesen um ihrer selbst willen zu erfassen, so rein wie das Auge die Farben und das Ohr die Töne... Das Mitleid führt das Ich über sich selbst hinaus, und das Gewissen erweitert es nach dem eigenen Innern. Hat man diese drei Führer der Seele gewonnen: Den Wahrheitssinn, das Mitleid und das Gewissen, so vermag man die Sprache als Organ zu gebrauchen, um in die geistige Welt hineinzuschauen. Man kann sich über sie als bloßes Verständigungsmittel erheben und durch sie hinauslauschen. Es treten jetzt geistig-seelische Wesen durch sie herein. Der Vorhang wird durchsichtig. Er lichtet sich auf. Die Worte bekommen vom Geiste her einen neuen Klang.»[22]

Wir müssen lernen, die Ursache der Katastrophen unserer Epoche in einer Weltanschauung zu erkennen, die überall den Geist aus den Dingen herausgetrieben hat, und müssen in der Sprachkunst versuchen, ihn wieder in seiner Wirklichkeit zu erleben und hereinzurufen in die sinnlich-sichtbare und hörbare Welt, um dadurch die Dinge in der künstlerischen Imagination so zu verwandeln, daß sie erscheinen «wie aus der geistigen Welt heraus». Der Sprachkünstler muß in sich selbst die Erlebniswelt entdecken, in der Worte nicht nur Abbilder sind, sondern *Lebenskräfte*. Er kann es, wenn er tiefer eingeht auf das *Atmungs-Geschehen*, das der Träger seiner Sprache ist, auf seinen *Herzens-Lungenschlag*, auf eine Welt kosmischer Geheimnisse, die gewöhnlich auch dem künstlerischen Bewußtsein verschlossen ist.

Nachdem wir betrachtet haben, wie Sprache zur *Gebärde* werden kann durch das Aufrufen der *Gliedmaßen*-Kräfte, wollen wir nun den *rhythmischen* Menschen ins Auge fassen in seinem Zusammenspiel von Atemgang und Blutpuls.

Der Atem als Gestalter

Es gibt nicht wenige Bühnenkünstler, welche das intellektuelle Bewußtsein überwinden wollen durch *Joga-Übungen,* die in den Atemprozeß eingreifen und zu einer Entspannung des gestreßten Mimen und zur Dämpfung seiner gereizten Nerven führen können. Was aber der Atem als Träger der Sprache wirklich ist, bleibt dadurch ganz unbewußt: ein *Gestalter,* der das Wort befreit von der Fesselung an tote Begriffe und so die Sprache ins Fließen, ins Strömen bringt, in den Zeitenstrom des Rhythmischen, der Leben und Seele ist. Atem ist Seele. «Sie leben nämlich gar nicht in Ihrem Körper mit Ihrer Seele, Sie leben in Ihrer *Atmung* mit Ihrer Seele.»[23] Und dieser beseelte Menschen-Atem nimmt den kosmischen Atem auf, die Luft, die auch nicht bloß Sauerstoff und Stickstoff ist: «Wenn Sie Luft spüren, dann müssen Sie sich klar sein, daß diese ein den physischen Körper ganz umgebendes *Geistiges* ist, und daß Sie mit jedem Atemzug nicht nur physische Luft einatmen, sondern Geist einatmen ... Denn dasjenige, was man den *Geist* nennt, ist in der Luft. Die Luft ist nur der Körper, der Stoff dieses Geistes.»[24] Für eine «geistlose», materialistische Weltanschauung ist das der reine Unsinn; für die Griechen eines noch geist-näheren Zeitalters war es selbstverständlich: sie gebrauchten für «Luft» und «Geist» dasselbe Wort «*pneuma*», das auch «Atem» bedeutet![25] Durch die Gestaltung im Luft-Geist des Atems also enthüllt der einzelne Laut sein Leben, seine Gebärde: Das *A* als die Ur-Empfindung des Staunens, der Verwunderung, des Sich-Öffnens gegenüber der Welt; das *O* als die Seelengebärde liebevollen Umfassens. Und so durch das ganze Alphabet, das ein Ausdruck des Menschengeheimnisses ist.[26] Das griechische Alphabet von Alpha bis Omega deutet noch weisheitsvoll auf den Werdegang dieses Menschen hin: Staunen als Anfang, Liebe als Ziel.

Mit der sprachkünstlerischen Handhabung des Atems hängt es zusammen, ob man *rhythmisch sprechen* kann. Denn die *Rhythmen* eines Verses zum Beispiel entstehen aus einem anderen Bewußtsein als dem Prosa-Bewußtsein des Kopfes, sie entquellen dem Leben des Herz-Lungenschlages, des rhythmischen Systems im Menschen, dessen Erlebnisfähigkeit sich in Schichten zu tasten vermag, die sich der Wiedergabe durch sie Prosa entziehen.

Und die Rhythmen der Sprache bestehen nicht aus Worten, sondern aus *Silben,* langen und kurzen, betonten und unbetonten, leichten und schweren Silben, deren gegliederte Fügung erst den Tanz, den Schritt, die Bewegung des Wortes ermöglicht. Um das zur Darstellung zu bringen, muß der Sprecher die Silben im Worte voneinander lösen können, was aber nur im Atem möglich ist. Wie man beim Gehen Fuß nach Fuß vom Boden löst, so bewegt sich der «Versfuß» im «Silbenschritt» dahin. Es ist ein «Schreiten auf der Luft», ein «Wandeln über das Meer» des Ätherischen, wodurch das Willenswesen heraufgehoben wird in die rhythmische Sphäre der Sprache. «Die Sprache der Ewigkeit schreitet in Silben... In jedem Schreiten der Silben liegt ein viel Geistigeres als in unserem persönlichen Gefühl... Wenn das Silbenschreiten zur Gewohnheit des Ätherleibes wird und nicht durch das Gefühl oder den Intellekt unterbrochen wird, dann läuft das Ich immer mit. Jede Monotonie ist daher ausgeschlossen, weil es ja immer anders läuft... Das Geheimnis des Mitnehmens vom Publikum liegt im Vorwärtsschreiten der Silben... Silbenlaufen ist Sprache der Götter.»[27]

Silben sind die elementaren Geistglieder des Wortes. «Die geistige Welt geht bloß bis zu der Silbe, nicht bis zum Worte, so daß wir sagen können: Der Dichter muß sich der Worte bedienen, weil Worte einmal die Werkzeuge der menschlichen Sprache sind, aber indem er sich der Worte bedient, muß er notwendig aus seinem eigentlich künstlerischen Element herausgehen. Das kann er nur dadurch, daß er das Wort wiederum zurückführt zu der Gestaltung des Silbenhaften. In Maß, Zahl und Gewicht des Silbenhaften, also in einer Region, wo das Wort noch nicht Wort

geworden ist, wo das Wort sich noch dem Musikalisch-Imaginativ-Plastischen des Überwört-
lichen, des Geistigen fügt, da waltet der Dichter.»[28]

Christian Morgenstern hat schon um die Jahrhundertwende das Auflösen des Verses in Prosa
als unkünstlich empfunden und notiert 1904: «Um einen Vers richtig zu sprechen, muß man
zunächst Achtung vor ihm haben. Man muß sich bemühen, seinen Bau, seinen Fall zu entdecken
und wieder zu Gehör zu bringen, nicht aber ihn bei jeder Gelegenheit in Prosa auflösen. Es ist
durchaus möglich, ihn hören zu lassen und zugleich natürlich zu sein; wo dies nicht erreicht wird,
wo die Melodie abbricht, um abgerissenen Sätzen Platz zu machen, liegt die schauspielerische
Selbsterziehung im argen. Der heutige Schauspieler hat eine begreifliche Furcht, in Deklamation zu verfallen; aber er darf darum nicht in das andere Extrem geraten.»[29]

Die «schauspielerische Selbsterziehung», von der Morgenstern spricht, liegt nur deshalb im
argen, weil der Schauspieler glaubt, um «ehrlich» und «natürlich» zu sein, dürfe man die Grenze
des gewöhnlichen Sprechens nicht überschreiten. Er ist gerade dadurch «unehrlich», ja, er
«lügt» künstlerisch, wenn er das kosmische Wirken von Naturkräften oder das Einschlagen von
Schicksalsgewalten aus einer überphysischen Welt darstellen will, ohne seine Worte gleichsam
zu «sprengen» und durchlässig, durchhörbar zu machen für dieses Elementargewaltige, wenn
zum Beispiel *König Lear* mit seiner schon dem Wahnsinn nahen Seele dem Sturmgewitter
entgegenrast (III,2):

> «Blast, Wind', und sprengt die Backen! Wütet! Blast!
> Ihr Katarakt' und Wolkenbrüche, speit,
> Bis ihr die Türm' ersäuft, die Hähn' ertränkt!
> Ihr schweflichten, gedankenschnellen Blitze,
> Vorab dem Donnerkeil, der Eichen spaltet,
> Versengt mein weißes Haupt!»...

Hier verlangt die Sprache eine *wesenhafte Lautmalerei*, die nur durch die Gestaltung im Atem
möglich ist, wenn sie nicht bloßes «Geschrei» werden soll. Und wenn Lear aus der Empörung
des Blutes mit seiner Atemsturmkraft die Worte «sprengt», erleben wir mit Erschütterung die
Größe und die Tragik dieser Gestalt, in deren Seele dieselben Kräfte walten und wüten wie in
der Natur und sie gerade dadurch zerstören.

Der Atem vermag nicht nur die Leidenschaften des pulsierenden Blutes aufzufangen, sondern auch die Ruhe des von oben strömenden Lichtes, die Harmonien des Himmels. Die «Stimme des Herrn» im Prolog zu Goethes Faust – wenn «der Herr» nicht als «Lautsprecher» erscheinen soll! – kann durch die Kraft des ruhig geführten Atems den Raum mit Wärme und Licht durchstrahlen; während *Mephisto* mit derselben Atemtechnik die Worte ironisch übertreibend zu biegen oder höhnisch herauszuschleudern vermag. Selbst sein hart zurückweisendes: «Nein, Herr!» wird dadurch noch eine durch den Raum gespannte kosmische Größe haben.

Die Sprache des *Ahriman* in Rudolf Steiners Mysteriendramen verlangt eine andere Atembehandlung: man muß fortwährend die Außen-Luft mit der eigenen Atemkraft zu *verdichten* suchen, gleichsam zusammenpressen und sprechen wie aus einer schwarzen Höhle, muß mit den Konsonanten das Licht der Vokale abdunkeln, dabei mit der Führung des Atems willenshafte Stöße und scharfe Zickzacklinien im Umkreis formen. Aber auch hier muß die Sprache eine *Sphäre* um den Darsteller bilden; mit einem bloß persönlich knarrenden oder quetschenden Ton würde die Figur zur Karikatur.

Ein besonderes Sprech-Problem sind die *Chöre,* zum Beispiel der «himmlischen Heerscharen» im Faust-Prolog. (Das Wort «Heerscharen» hat schon manchen Regisseur verführt, sie allzu «militärisch» aufzuziehen!) Der Atem ist auch hier das Gemeinsame und Verbindende: in der «Luftresonanz» verschmelzen die individuellen Stimmen mühelos zu einem großen und doch nicht harten, sondern beseelten und bewegten Klang, der durch die männlichen und weiblichen Ton-Nuancen noch differenziert wird. So kann der Chor zum Urbild sozialen Handelns werden, des gemeinsamen Tuns aus Erkenntnis, aus dem Lauschen, wie die Dichtung selber spricht.

Die Handhabung des pneumatischen Menschen in uns, der mit dem Welten-Atem verbunden ist, das ist ein *Zauberwort der Sprachgestaltung.* Der Atem löst die Lautsubstanz in ätherisches Leben, er weitet das Wort zur *Sphäre* und läßt es im umgebenden Luftraum *neu entstehen.* Da der Atem mit unserer Astralität, mit unserem Seelenleben von Natur aus eng verbunden ist – man beobachte wie Freude und Furcht, Kummer und Hoffnung, Lachen und Weinen ihn verändern –, hat der Sprachkünstler und Schauspieler in ihm ein wunderbares Instrument, die Sprache zu *beseelen* und im Umkreis strahlende, runde, zackige, wellige, sich verdichtende oder verschwebende *Formen* zu bilden, Stoßlaute, Blaselaute, Zitter- und Wellenlaut so zum Schwingen zu bringen, daß ein elementarisches Leben entsteht, das wirken kann «wie aus der geistigen Welt heraus.»

Um etwaigen Mißverständnissen von «beruflicher», das heißt sich berufen glaubender Seite vorzubeugen, sei hier etwas eingefügt, das natürlich für einen vorurteilslosen Verstand ganz überflüssig ist: wenn vom «Atem als Gestalter» gesprochen wird, sind es natürlich Seele und Geist, ist es *das Ich des Künstlers,* der sich des Atems bedient wie vergleichsweise ein Geiger des Bogens, der an der Gestaltung des Tonkunstwerkes maßgebend beteiligt ist. «Wenn das Bewußtsein von der Ich-Kraft gelenkt wird, hat es schon die Bewegung in sich . . . Wenn das Ich nicht dabei ist, verliert der Atem seine Richtung . . . Die Hauptsache für uns ist, daß wir echt und wahr sind . . . Die deutsche Sprache hat alle Möglichkeiten der Behandlung, je nach den Seelenkräften, in welche das Ich untertaucht.»[30] Mißverständnisse können im Grunde nur dadurch entstehen, daß man sich unter dem «Ich» etwas vorstellt, das bloß irdischer und nicht auch sphärischer, kosmischer Natur ist.

Der Atem ist wie ein Meißel, der die umgebende Luft formt und unendlicher Möglichkeiten dadurch fähig ist. Als Beispiel die Notwendigkeit, *«schnell» zu sprechen:* durch Loslassen und öfteren Atem-Wechsel entsteht der Eindruck der Schnelle, ohne daß der Schauspieler in Wirklichkeit so schnell sprechen muß, daß man ihn nicht mehr versteht. Auch wäre es ein großer Irrtum zu glauben, daß die vom Atem getragene Sprache *pathetisch* wirke! Das Gegenteil ist der Fall. Im Pathos schwillt der Ton, wird «dick» und festgehalten; im Atem, wenn die Luft wirklich verbraucht wird, verjüngt er sich und verströmt in die umgebende Sphäre. Das Ich reflektiert dabei nicht auf sich zurück, sondern geht in den Umkreis mit. Was man das «falsche Pathos» nennt, hat damit nichts zu tun. Aber unsere Zeitgenossen, auch diejenigen, die in der Musik die feinsten Unterschiede bemerken, haben im allgemeinen für diesen Unterschied in der Sprache noch nicht das rechte Gehör.

Indem der Sprachkünstler dergestalt mit der «Luftresonanz» arbeitet, lebt für ihn die Sprache immer mehr in einem Umkreis, in dessen Mittelpunkt er sich selber fühlt, mit seinem Ich gestaltend, dirigierend, mitgehend. Durch die Sphäre, die er um sich schafft, bleibt er nicht im subjektiven Gefühl oder Vorstellen haften, sondern seine Worte nehmen *Farbe und Form der Dinge selber* an, in die sein Wille untertaucht. Er schafft eine objektive künstlerische Resonanz für Weltenkräfte und Weltenwesen, für Dämonen, Elementargeister, Götter, Engel, Tote, für Wesen einer geistigen Welt, welche ohne eine solche geistgemäße «Technik» auf der Bühne nur allzuleicht als unwahr oder karikiert erscheinen. «Es ist immer der *Atem,* der alles, was ist, wahr macht, sonst sind es nur eigene Gefühle. Der *Luftmensch* ist der wahrere Mensch; er ist immer mit dem Kosmos verbunden.»[31]

Mit dem Atem des Menschen steht der Blutpuls in einem rhythmischen Verhältnis von 1:4, das heißt auf *einen* Atemzug (Ein- und Ausatmung) kommen beim gesunden, ruhenden Menschen *vier* Pulsschläge. Und alle Rhythmen der Dichtung sind ursprünglich entstanden aus dem Ertasten dieses menschlich-kosmischen Zusammenspiels von Atem und Blut, dem sich der Mensch in der griechischen Kultur noch hingab, indem er in den Geheimnissen seines Leibes die Sprache der Götter erlauschte.[32] Wir könnten und sollten im 20.Jahrhundert, mit unserem ganz anderen Bewußtsein, frei geworden, als Freie dieser Geheimnisse uns wieder bemächtigen, um sie künstlerisch fruchtbar zu machen! Welch heilende Wirkung könnte in unserer so unrhythmisch gewordenen Betriebsamkeit die rhythmische Kraft der Dichtung haben! *Rhythmus* ist dem Leben untrennbar verbunden. Unser Herz-Lungenschlag geht unermüdlich durch ein langes Leben, Tag und Nacht, wie die Quelle des Lebens selbst. Aus ihr heraus können wir das Wort als «totes Zeichen» verwandeln in Prozesse, Vorgänge, bewegte Bilder und Klänge, die wie alles Leben, wie alles Organische entstehen und vergehen. Auch *«vergehen»* lassen können muß der Sprachkünstler das Wort, verwehen, verhauchen, ersterben lassen in den Geist. Das hört man selten, obschon solche Augenblicke sowohl im Gedicht wie im Drama besonders erschüttern können.

Die Esoterik des Schauspielers besteht also darin, in den verborgenen Quellen seines eigenen Wesens die Kräfte zu entdecken und zu entwickeln, die ihn zur künstlerischen Gestaltung befähigen. «Menschen-Erkenntnis, Verwandlung der Menschen-Erkenntnis in praktische Gestaltung des Lautlich-Gebärdenhaften, das ist die Grundlage der Bühnenkunst.»[33]

Karoline: Linde Naumann; die Schwester: Sylvia Baur
(Foto: Hans Gross)

«Karoline von Günderrode»
von Albert Steffen
I. Akt. Karoline und die tote Schwester

Für dramatische Dichtung, in welche die geistige Welt sichtbar hereinspielt, wird es immer ein Problem sein, die Wesen dieser Welt, Dämonen, Engel, Tote, auf der Bühne überzeugend darzustellen, so daß sie sich abheben von der Welt des gewöhnlichen Bewußtseins, aber doch nicht mystisch-verschwommen und abstrakt-nebelhaft, sondern in Gebärde und Sprache eindeutig und klar zur Erscheinung kommen. Sowohl Gebärde wie Sprache werden etwas Tastendes annehmen, etwas un-intellektuell Durchsichtiges. Dabei wird das «Sprechen im Atem» von wesenhafter Bedeutung sein für ein verwandeltes Bewußtsein. Grundlegend und bemerkbar aber wird vor allem sein, ob die Darsteller von einer geistigen Welt im Innersten überzeugt sind oder nicht!

In den Dramen Albert Steffens gibt es für dieses Problem viele Beispiele. In abendlicher Stille, während des aufgehenden Mondes, tritt zu der sinnenden Karoline von Günderrode die tote Schwester. Die Regie-Anmerkung heißt: «Eine weiße Gestalt, die sich aus dem Wipfel heruntersenkt, wird sichtbar und tritt durch die Hinterwand des Zimmers herein».

Karoline: «Du, Schwester, bist es! Und du leidest nicht mehr, sagt dein Gewand. Warum denn kommst du wieder?

Die Schwester: Weil du noch leidest, sagt mir deine Seele, um dir zu helfen, wenn die Stunde naht...»

Charlotte Servière: Brigitte von Kralik; Karoline:
Linde Naumann   (Foto: Hans Gross)

«Karoline von Günderrode»
von Albert Steffen
V. Akt. Winkel im Rheingau

Für den Bühnenkünstler ist es von erheblicher
Bedeutung, ob er – worauf schon Tschechow hin-
weist – die ihn umgebende Luft als ein wesenhaftes
Medium erleben kann ; aber nicht bloß als «Widerstand», sondern als eine belebte und beseelte Sphäre, in die er seine eigene Seele hinein ausdehnt und
erweitert. Mit den eigenen Gefühlen und Impulsen
weit in den Raum «hineinzugreifen», die Bilder der
Sprache nicht im eigenen Kopf als «Vorstellungen»
zu erleben, sondern sie den Raum – den Zuschauer-
Raum! – durchfliegen zu sehen, das steigert nicht
nur die «Präsenz» und Ausdruckskraft des Darstellers, sondern schafft eine verbindende Brücke zwischen Bühnen-Raum und Theater-Saal.

Durch dieses «Mitgehen» der Seele mit der Sprache und Gebärde in den umgebenden Raum kann
immer deutlicher empfunden werden, was Rudolf
Steiner über die Luft sagte: «Wenn Sie Luft spüren,
dann müssen Sie sich klar sein, daß diese ein den
physischen Körper ganz umgebendes Geistiges
ist und daß Sie mit jedem Atemzug nicht nur physische Luft einatmen, sondern Geist einatmen...»

Die «kosmischen Geheimnisse der dramatischen
Kunst» liegen also nicht in einem «Wolkenkuk-
kucksheim», sondern können innerhalb der Sinneswelt empfunden werden. In der hier abgebildeten
Szene, in welcher Karoline von Günderrode ihrer
Freundin Charlotte Servière ein Gedicht vorliest,
das an die Todesschwelle führt, muß nicht nur die
sprechende, sondern auch die zuhörende
bzw. die das Zuhören darstellende Schauspie-
lerin im Bewußtsein dessen leben können, was als
Schicksal im wahrsten Sinne «in der Luft liegt».

Schauspieler-Probleme[34]

Spontanität – Temperament – Humor – «Besessenheit»

Eines der schwierigsten Probleme der redenden und musizierenden Künste, derjenigen also, *die vor den Augen und Ohren der Zuhörer entstehen* – Musik, Sprachgestaltung, Schauspielkunst, Eurythmie – ist die Frage nach der *Spontanität,* der *Unmittelbarkeit* dieser Entstehung, ohne welche diese Künste kein Leben haben! Wenn der Vorhang aufgeht, soll die «Stimmung» schon da sein, soll die Seele «gestimmt» sein. Mancher Künstler hält sich dabei an das gründlich Geübte; andere verlassen sich auf ihr Temperament, ihr «Erleben» und üben lieber nicht so viel, um sich bei der Aufführung ungehemmt diesem Erleben überlassen zu können. Im ersten Fall besteht die Gefahr der schönen Form, die aber bloß «aufgesagt» erscheint, im zweiten die einer subjektiv «verstrudelten» Formlosigkeit.

Die Lösung des Problems liegt wie immer in der Mitte: einen Text so gründlich wie möglich übend durch das Bewußtsein gehen lassen, ihn dann aber ebenso *bewußt vergessen,* um das Ganze bei der Aufführung neu und «naiv» wieder heraufzuholen. Wie bei der geistigen Schulung kommt es auf das bewußte Auslöschen dessen an, was vorher immer wieder durch das empfindende, Ton- und Gebärden-suchende phantasievolle Bewußtsein gegangen ist. Bei diesem Bewußtsein handelt es sich nicht bloß um das intellektuelle «Hinterfragen» einer Dichtung, sondern um ein Lauschen und Ertasten, welche Tongebung, welche Vokalfarbe, welcher Konsonant-Charakter, welche Gebärde in einem bestimmten Augenblick der Szene die «richtigen» sind, das heißt diejenigen, die mir zunächst am meisten einleuchten und befriedigend erscheinen. Und befriedigend wird bei einem echten Kunstwerk stets das *Werkgetreue* sein. Dieser Begriff der «Werktreue» – in der Musik ist er selbstverständlich – muß in der Sprachkunst noch gefunden werden. Wer etwa einmal das ätherische Wesen der *Rhythmen* kennen und erleben gelernt hat, kann im Üben immer wieder die Erfahrung machen, was *das Ernstnehmen des Rhythmus* für den Lebensausdruck des Kunstwerkes bedeutet. Da in der deutschen Sprache eine Silbe lang oder kurz sein kann, ergeben sich daraus viel feinere Schwebungen, aber auch Freiheiten, als man sie gewöhnlich hört.

Das ist also ein Üben von Gefühlen und Willens-Impulsen, die ins Dunkel des Vergessenwerdens versinken dürfen, um im Augenblick der Entstehung des Kunstwerkes wie neugeboren ans Tageslicht zu treten. Wie oft sieht man es einem Schauspieler, der auf der Bühne einem anderen zuhört; an, daß er schon *weiß*, was der andere sagt. Das dämpft die Impulsivität seiner Gegenrede beträchtlich, und das dramatische Leben stirbt dabei ab. Darin besteht eben der Reiz der dramatischen Kunst, daß der Schauspieler nicht so erscheinen darf, als ob er alles schon wüßte. Damit steht nicht im Widerspruch, daß im zuhörenden Partner etwas von der *Stimmung* des Gehörten nachschwingen soll, wenn er dann antwortet. Dies wird im Gegenteil um so stärker der Fall sein, je mehr er von dem Gehörten «überrascht» ist. Man kann beobachten, daß Schauspieler am lebendigsten werden, wenn sie – steckenbleiben! Da nimmt plötzlich der um das Wort ringende, verzweifelt mit den Händen tastende Mime eine ungeahnte Regsamkeit an. Sobald er sich wieder gefangen hat, beruhigt er sich und – spricht seinen «Text».

Das also ist das Problem des Spontanen bei den vor den Augen und Ohren des Publikums entstehenden Künsten: das bewußt gestaltete «Nichtwissen», die «docta ignorantia», die «Naivität», die auf den Grundfesten der Erkenntnis ruht. Dieses spontane Reagieren aus einem scheinbaren Nichtwissen heraus gehört zu dem Zauber aller Bühnenkunst. Dieser Zauber muß aber – geübt sein.

* * *

«*Temperament* braucht man zur Bühnenkunst», sagte Rudolf Steiner in seinem Dramatischen Kurs (am Ende des neunten Vortrages) aus seiner Überzeugung heraus, «wie temperamentlos heute viele gerade sind, die das Temperament brauchten.» Er schloß dabei auch die Goetheanum-Künstler nicht aus. In Eurythmie-Proben konnte er sein Gelangweiltsein durch herzhaftdemonstratives Gähnen zum Ausdruck bringen, indem er dabei die Glieder von sich streckte, dann aber aufsprang und mit ausgebreiteten Armen rief: *Leben* muß in die Bude! *Leben* muß in die Bude!!»[35]

Im Dramatischen Kurs heißt es weiter: «Aber damit will ich nicht sagen, daß man nicht auch darinnen durch wirklich künstlerisches Streben etwas erreichen kann... Man kann schon zum Herausholen des Temperamentes einiges tun, nur geschieht es heute nicht. Und das ist es, meine lieben Freunde, was zur Kunst, insofern der Mensch diese Kunst ausüben soll, überhaupt gehört, und was man wissen muß, daß es dazu gehört: Temperament. Meinetwillen kann einer mystische Bücher temperamentlos schreiben. Wenn sie jemand gefallen, nun ja, gut; man sieht ja den nicht, der da schreibt. Aber an denjenigen Künsten, wo der Mensch sich selber herausstellt, gehört zur Kunst Temperament, und das gesteigerte Temperament, der *Humor*. Da können dann die Dinge beginnen, esoterisch zu werden...»[36]

Es ist doch gewiß überraschend, daß hier das gesteigerte Temperament als *Humor* bezeichnet wird und von da der Übergang zum *Esoterischen* der Bühnenkunst gesucht werden soll. «Temperament» des Schauspielers in diesem Sinn ist also nicht ein subjektiv aufgeheiztes Emotions- oder Nervenleben; es drückt sich weder durch Schreien oder schnelles Sprechen aus; es zerrt und rüttelt nicht an der physischen Organisation. Es ist im Gegenteil ein Herausgehen des Ich aus dieser Organisation, eine Wärme-Ausdehnung der Seele, eine Erweiterung ihres Interessen-Umkreises, ein immer liebevolleres «Darinsein» (inter-esse) in den Dingen, ein Loskommen von dem eigenen kleinen Ego.

Das Schauspieler-Ich soll immer regsamer, aktiver werden im Wahrnehmen der Welt mit allen Sinnen, im Untertauchen in Töne, Laute, Farben, im mitleidenden oder mitfreuenden Ergreifen der Ereignisse. Dieses Loskommen von sich selbst ist aber zugleich ein immer gesteigertes *Freiheits-Erlebnis*, und damit wächst der Sinn für den *Humor,* welcher zu einer Lebensbefreiung führt und die Seele losreißt von der Bindung und Fesselung an das Allzuirdische, vor allem des eigenen, sich allzu wichtig nehmenden Wesens. «Humor» ist nicht identisch mit Witz, Spott und Satire, sondern quillt hervor aus einem Überfluß an Lebenskraft, welcher die Seele in den Bereich des Elementarischen trägt: die «humores» sind die Lebenssäfte, die Lebensbildekräfte, mit denen der Künstler über das Gegebene hinaus die Dinge gestalten will aus höherer Sicht, sie quellen hervor aus dem Ätherischen, sie tanzen und kobolzen elementarwesenhaft dahin, sie sind *«lustig»* aus *«Lust»* am Leben, die Bitterkeit des Physischen fällt von ihnen ab. Im Humor will sich der Ätherleib stärker zur Geltung bringen als ihm das gewöhnlich «erlaubt» ist. Der *Clown* probiert es immer wieder auf seine Art: er will in die Leichte, die das Kennzeichen des Ätherischen ist, und plumpst immer wieder in die Schwere des Physischen zurück, bis es ihm schließlich doch gelingt und er sein fröhliches Juhu! ertönen läßt. Die *Leichte* ist das Charakteristikum allen Humors. Aber diese Leichte liegt allem Künstlerischen zugrunde. Echte Kunst hebt die Schwere des physischen Daseins schrittweise auf. Das «gesteigerte Temperament» des Künstlers befreit das ätherische Leben aus seiner irdischen Gebundenheit und läßt es in seinem Eigenwesen als Bewegung, als Ton, als Laut, als Rhythmus zur Erscheinung kommen. Es ist ein Akt der Befreiung, ein Durchbruch in eine elementarische Welt.

«Da können dann die Dinge beginnen esoterisch zu werden.» Man ahnt nun den Zusammenhang zwischen dem Humor und dem «gesteigerten Temperament» des Schauspielers, der immer mehr aus sich herausgehend seine Sinneswahrnehmungen erweitert, sein Bewußtsein vertieft und erhöht, um von höherer Warte, von der Warte des «Humors» aus die Elemente seiner Kunst beherrschen zu lernen.

* * *

Es muß für den Schauspieler die Frage entstehen: Wie kann ich durch mein «Ich» ein anderes «Ich», eine andere Individualität hindurchscheinen lassen, etwa die eines geistigen Wesens? Muß ich mich dazu «auslöschen» oder vielleicht sogar «steigern»? Die Schauspielkunst ist die Kunst der Ich-Darstellung:

«Tragödie: das Himmels-Ich erretten,

Komödie: das Erden-Ich entketten.» (A. Steffen)

Und die Kunstelemente dazu sind die gleichen, durch welche sich das Ich im Leibe offenbart: die *Gebärde,* die nur durch die Aufrichtekraft möglich ist, die *Sprache,* die auch schon beim kleinen Kinde eine Metamorphose der Gebärde ist, und eine bilderschaffende *Phantasie,* die auch dem gewöhnlichen Denken zugrundeliegt. Was der Kosmos mit unserem eigenen Ich vollzogen hat: es im Leibe zu inkarnieren im *Gehen, Sprechen, Denken,* das vollzieht der Schauspieler künstlerisch, indem er ein dichterisches Ich vor uns aufbaut durch die Art, wie er sich bewegt, geht, gebärdet, wie er spricht und *was* er spricht, wie er denkt und vorstellt. Er benutzt seine ihm von den Göttern geschenkte und vom eigenen Ich durchgestaltete Organisation als «Stoff», als Hülle für ein anderes Ich, das in dieser Hülle sein Schicksal ausleben kann. Er «opfert» eine Zeit lang diesen Leib für ein anderes Wesen, er zieht sich als «Ego» aus ihm zurück, muß ihn aber zugleich als schöpferisches, gebärdenbildendes, sprechendes, in der Mimik lebendes Wesen umso stärker durchdringen. Ja, er muß diese Elemente des seelischen Ausdrucks in eine Bewegungsform gießen, die sie vom bloß Naturalistischen befreit und in eine Lebenswelt führt, die überall mit dem Ätherischen rechnet. Wir sagten es schon: Eine Gebärde endet nicht bei den

Fingerspitzen, sondern sendet einen Bewegungsstrom in den Raum, der weiterfließt. Das Wort ist nicht bloß ein Päckchen «Inhalt», es muß sich durchströmen lassen von den plastizierenden Kräften des Atems, rhythmisch durchpulsen lassen vom Wärmestrom des Blutes, eine «Sprach-Melodie» entfalten, die nicht bloß die des betonenden Intellektes ist, sondern die ein Leben aus tieferen, träumenden, kosmischen Regionen unserer Seele zu offenbaren sucht, getragen von der ätherischen Kraft des Rhythmus, von den astralen Zauberwirkungen der Laute selbst. Das Ich des dramatischen Helden, den ich verkörpern will, es hat ja ebenso wie mein eigenes *nicht nur bewußte* Beweggründe seines Handelns, sondern oftmals solche, die aus schlafenden Willenstiefen kommen und bis in frühere Erdenleben reichen. Für die muß es auch eine künstlerische «Technik» geben. Wenn in einem Mysteriendrama Rudolf Steiners entkörperte Seelen in den geistigen Welten Zwiesprache halten, ihr vergangenes Leben durchdringend, ihr künftiges vorbereitend, so fordert das von den Darstellern ein völliges Ausgegossensein ihres Ich in eine Sprache, welche den Raum in gewaltigen Wellen schicksal-schaffend durchströmt.

Der Schauspieler also, der es mit der Ich-Gestaltung zu tun hat, er setzt den Naturvorgang seiner eigenen Ichwerdung fort, steigert ihn zum Kunstprozeß, indem er ihn von seinem freien, phantasiebewußten Denken her durchdringt und harmonisiert: die *Willenskräfte* der Glieder *heraufhebt* in die tanzende, stürmende, zögernde Sprachbewegung; den *Gedanken herunterströmen läßt* in das Sinngebende der die Situation ausdeutenden Geste. Er macht die schlafenden und träumenden Ichkräfte seines Wesens bewußter, und der Zuschauer erlebt diesen Vorgang als eine beglückende Stärkung seiner eigenen, *über* dem Alltagsbewußtsein liegenden Existenz, die dem Menschen so vielfach heute abgesprochen wird und die es durch echte Kunst zu retten gilt.

* * *

Das Vorangegangene kann ein Licht werfen auf die Frage: Darf und soll der Schauspieler von seiner Rolle «*besessen*» sein oder nicht? Er wird versuchen, sich ein imaginatives Bild seiner Rolle zu machen, bis in das Kostüm hinein. Nehmen wir zwei polare Gestalten, wie sie in Albert Steffens Drama «Hieram und Salomo» vorkommen: *Kain* und *Abel.* (Siehe Diagramm, S. 81.) Es wird sich objektiv ergeben, daß Kains Gewand in feurigem Rot erstrahlt, dasjenige von Abel in wäßrigem Blau-Grün. Kains Gebärden werden geformt-strahlende sein, diejenigen von Abel fließend-flüchtige; Kains Sprache jambisch, die von Abel trochäisch – wie es in Steffens Drama auch der Fall ist. Indem der Schauspieler sein «bürgerliches Ich» hinopfert, um an dessen Stelle eine dieser Gestalten aufleuchten zu lassen, wird er diesen Vorgang – solange er spielt – wie von außen her dirigieren durch das Eingreifen einer höheren schöpferischen Kraft. Er darf nicht «besessen» sein von seiner Rolle, sonst wäre er «ver-rückt», er würde sein eigenes Ich verwechseln mit dem der Rolle. «Ein Schauspieler darf nicht von seiner Rolle besessen sein, sondern muß seiner Rolle so gegenüberstehen, ...daß sie ihm objektiv ist, daß er sie als seine eigene Gestaltung empfindet, aber in dieser eigenen Gestaltung mit seiner Eigengestalt danebensteht und bis zum himmelhochjauchzend, zu Tode betrübt kommt wie gegenüber irgend etwas, was in der Außenwelt eintritt.»[37]

Das bedeutet: Nicht im Inhalt einer Rolle versinken, sondern die selbstgeschaffene Form, die Kunstgestalt mit dem vollen eigenen Erleben ergreifen! Das erstere führt zu einem psychologischen Zwang, zu einer Art Selbst-Hypnose, das andere zur Freiheit. Jeder esoterische Weg hat seine besonderen Gefahren; diejenige des Schauspielers ist, nicht jederzeit die Sphäre der Bühne und die des übrigen Lebens voneinander trennen zu können: an Stelle des eigenen Ichs ein anderes zu setzen und von diesem auch im Leben besessen zu sein. Von dem Schauspieler *Lewinski* wird erzählt, daß er nach einer großartigen Darstellung des König Lear nach Hause kam und das frugale Abendbrot, das ihm seine Frau vorsetzte, mit den Donnerworten: «Ist das ein Essen für einen König?» zum Fenster hinauswarf – was also in diesem Fall einem Schauspieler passiert wäre, der sonst sehr wohl die eigene Persönlichkeit und die seiner Rollen trennen konnte.

Das «Auslöschen» des eigenen Ich, das der Bühnenkünstler von Berufs wegen jeden Abend vollziehen muß, birgt diese Gefahr in sich, die sogar zur «Charakterlosigkeit» führen kann. Dagegen hilft nur, das eigene wahre Wesen so zu stärken, daß es bewußt jederzeit das Eintreten in die Welt der Bühne und in die der Lebenswirklichkeit unterscheiden kann, einerseits durch eine viel liebevollere Hingabe an die *Sinneswelt* – was außerdem die Phantasiekraft erhöht! – andererseits an die Welt der eigenen *Träume*. «Ein Schauspieler, der nicht das Drollige eines Igels bewundern kann in einer viel feineren Weise als ein anderer Mensch, der kann nicht ein ganz guter Schauspieler sein... Und ein Schauspieler, der nicht, nachdem er abgeschminkt ist, aus dem Theater herausgeht und allerlei merkwürdige Träume kriegt, die manchmal bis zum

Alpdrücken gehen können, kann auch nicht ein ganz guter Schauspieler sein.»[38] Also das Bewußtsein einerseits intensiver nach außen, andererseits tiefer nach innen zu richten, das schafft das Gleichgewicht, das gerade der darstellende Künstler braucht. Wer nicht träumen kann, muß *meditieren* lernen; und er sollte unter seine Meditationen vor allem auch solche aufnehmen über die *kosmischen Hintergründe seiner Kunst*, wovon in den nächsten Abschnitten gesprochen werden soll.

Zu Seite 48:

Maske und Mienenspiel

In der aus den Mysterien kommenden alten Bühnenkunst trugen die Darsteller, die zunächst Götter darstellten, M a s k e n, um durch diese Stilisierung das Ewige, Erhabene, Unveränderliche eines göttlichen Wesens zum Ausdruck zu bringen. Aber auch die menschlichen Helden trugen Masken, denn es war der Gott in ihnen, Dionysos, der die Tragödie erlitt. Immer mehr fiel im Laufe der Entwicklung die Maske ab; in der italienischen Commedia dell'arte des 17. Jahrhunderts gab es noch die Halbmaske für verschiedene Typen; heute tritt der Schauspieler am liebsten ungeschminkt auf; er macht nicht gerne «Maske», um den persönlichen Ausdruck nicht zu verfremden; im Licht der scharfen Scheinwerfer kommt sein Mienenspiel deutlich genug heraus.

Wesen aber, die nicht Menschen sind, sondern Angehörige einer übersinnlichen, dämonischen oder geistigen Welt, können das auch mimisch dadurch zum Ausdruck bringen, daß ihr Antlitz nicht nur das fortwährend bewegliche Mienenspiel des Menschen zeigt, sondern ihm etwas «Maskenhaftes» beigemischt ist. Bei Gestalten wie L u z i f e r und A h r i m a n in den Mysteriendramen Rudolf Steiners kann das sehr ausgeprägt sein, bei M e p h i s t o p h e l e s etwa sollte es nur so weit gehen, daß dieses Maskenhafte noch durchsichtig bleibt für einen wechselnden Ausdruck.

(Bild aus «Faust» I: Faust: Paul Theodor Baravalle; Mephisto: Wolfgang Greiner.)

Das *Maskenhafte* bei einer übersinnlichen oder untersinnlichen Gestalt zeigt ihr *Unberührtsein*, unter Umständen ihre Kälte gegenüber den irdischen Vorgängen der Menschenseele; das *Mienenspiel des Menschen* sein Ergriffenwerden von diesen Vorgängen. Die Verwirrung und Unsicherheit im Gesicht des Amphitryon bei der Erzählung der Alkmene kündigt einen furchtbaren Ausbruch an, der unmittelbar erfolgt und dem Verlauf der Handlung eine fast tragische Wendung gibt. Die Verdutztheit in der Miene des Sosias spiegelt das völlig Unbegreifliche von Merkurs Doppelgängerspiel.

Aus «Amphitryon» von Heinrich von Kleist:
 II. Akt, 2. Szene: Amphitryon: Paul Theodor Baravalle; Alkmene: Linde Naumann
III. Akt, 8. Szene: Sosias: Johannes Händler; Merkur (als Sosias): Michael Knapp
(Foto: Hans Gross)

49

Das offenbare Geheimnis der Schauspielkunst

Eine Meditation über das Wesen der Schauspielkunst selbst kann allerdings den Blick lenken auf einen überraschenden Zusammenhang dieser Kunst mit einer tieferen Lebenswirklichkeit. Man muß sich dabei bewußt sein, daß jede Kunstart ihren Ursprung hat in *kosmischen* Vorgängen, daß sie ein Abbild ist von Weltenkräften und Weltprozessen: die *Malerei* von dem geheimnisvoll-offenbaren Weben von Licht und Finsternis, die *Plastik* von dem verborgenen Schaffen kosmischer Bildekräfte allüberall; die *Dichtung* von dem Weltenwort, aus dem alles hervorgegangen; und daß die *Musik* in ihrem ursprünglichen Wesen ein Nachklang ist der Sphärenharmonie, das haben Weise wie Pythagoras und andere immer wieder ausgesprochen und empfunden, bis zu Goethe, dessen Faustdichtung mit den Worten beginnt: «Die Sonne tönt nach alter Weise in Brudersphären Wettgesang...»

Was für ein Weltgeheimnis verrät uns aber diese merkwürdige Kunst, die einzelne dazu treibt, sozusagen Abend für Abend die eigene Persönlichkeit «abzustreifen», sich Farbe ins Gesicht zu streichen, sich andere Haare aufzusetzen, ein anderes Gewand anzulegen, sich in eine andere Gestalt zu verwandeln? Durch die Tätigkeit eines schöpferischen Ich, das sich in immer anderen Rollen «verkörpert», in immer neue Menschengestalten «verkleidet», erscheint die eigentliche Esoterik der Darstellungskunst: sie ist das künstlerische Abbild der höchsten Metamorphose der Ichheit, der *Reinkarnation des Menschengeistes.* Der Schauspieler, der heute in diese, morgen in jene Rolle schlüpft, ist von diesem kosmischen Aspekt her gesehen ein Abbild der menschlichen Individualität, die in immer neuen Erdenleben immer neue «Rollen» zu spielen hat. Und man soll nicht glauben, daß die Schauspielkunst nicht mit dieser Wirklichkeit des Daseins geistig zusammenhängt. Ja, man kann geradezu behaupten: Wenn es die Reinkarnation nicht gäbe, wenn sie nicht Wirklichkeit wäre, gäbe es auch die Schauspielkunst nicht! Eine kühne Behauptung vielleicht für eine bloße irdische Lebensanschauung, eine Offenbarung für denjenigen, der die kosmischen Realitäten kennt, in denen auch das Ich des Menschen darinsteht. Die dramatische Kunst handelt von den Schicksalen des Ich, und dazu gehört der Gang durch die wiederholten Erdenleben. Das wird sich noch näher zeigen lassen, wenn wir dann im nächsten Abschnitt über kosmologische Perspektiven des Dramas sprechen.

Das ist das Großartige an den Mysteriendramen Rudolf Steiners, daß in ihnen zum erstenmal in der Geschichte des Dramas konsequent und geistgerecht der *Gedanke der wiederholten Erdenleben zum dramaturgischen Prinzip erhoben* wurde: wir sehen denselben Darsteller, dieselbe Individualität in einer Verkörperung in der *Gegenwart* und dann in einer ganz anderen äußeren Gestalt im *Mittelalter* oder in *Ägypten*. Wir begleiten sogar die Individualität auf ihrem kosmischen Gang von einer Verkörperung, von einer «Rolle» zur andern, durch die geistige Welt! Wir werden als Zuschauer in die Welt der Ursachen versetzt und lernen verstehen, warum die eine Inkarnation *so,* die andere *so* aussehen muß. Wir nehmen teil an kosmischen Gesprächen der Seelen in der Sonnen- oder Saturn-Sphäre, in welcher Schicksalsfäden gesponnen werden. Das dramaturgische Prinzip der Reinkarnation erhebt mit Notwendigkeit das Drama in kosmische Sphären.[39]

Kosmologische Aspekte des Dramas[40]

«Nur der ist ein wahrer Künstler, der gewissermaßen mit den Dingen draußen im Kosmos lebt und für den das, was er darstellt, eigentlich nur die Veranlassung ist, sein Leben mit dem Kosmos wiederzugeben.»[41] Mit diesen Worten deutet Rudolf Steiner auf den Mysterienhintergrund des echten Kunstwerkes, das eine Offenbarung geheimer Gesetze des Menschen selber ist, insofern sie mit dem Kosmos zusammenhängen.

Wenden wir von diesem Aspekt aus den Blick auf die Kunstform des Dramas, so können wir unschwer erkennen, daß sie ein Abbild ist derjenigen Welt, die der Mensch *nach dem Tode* erlebt. Der Dramatiker überschreitet bewußt oder unbewußt die Schwelle des Todes und holt in sein Werk herein die Kräfte, denen die Menschenseele ausgesetzt ist im nachtodlichen Leben. Der tragische Held steht immer in Todesnähe. Die Seele Königs Lears zeigt sich schon in der ersten Szene in einem bedrohlichen Auflösungsprozeß, wie aus dem Zentrum seines Wesens herausgerückt – «ver-rückt» –, so daß uns Furcht und Mitleid zugleich ergreifen. Es gibt Dramenanfänge, wo die geistige Welt jenseits der Schwelle sichtbar den Helden gleichsam zu sich ruft: so im «Hamlet» der Geist des toten Vaters, in Steffens «Das Todeserlebnis des Manes» die Erscheinung der Toten um Omophoros, in seiner «Karoline von Günderrode» die tote Schwester. Das Drama drängt über die Schwelle des Todes, um schon ins Erdensein hereinzunehmen, was nach dem Tode kommt: das *Gericht*, das *Urteil*, das die geistige Welt über Wesen und Schuld des Menschen fällt. Im Drama wird das Leben nicht dargestellt, sondern *beurteilt*. Der Dramatiker gleicht einem ägyptischen Totenrichter – wie es Albert Steffen einmal von Schiller sagte – und das Drama mit seinem Dialog in Rede und Gegenrede einem Prozeßverfahren, wobei immer wieder Szenen vorkommen, die einem Verhör gleichen. Man denke an die Gerichtsszenen in den Dramen von Kleist, an das Fegefeuer, das in dem Lustspiel (!) *«Der zerbrochene Krug»* der Sünder Adam durchzumachen hat. Bei Steffen gleichen die Verhörenden oft selbst ägyptischen Totenrichtern: der Jugendhäuptling mit der Adlermaske im «Adonis-Spiel», Charon mit dem Löwenhaupt in «Karoline von Günderrode».

Durch die Maske wurde auch im alten Drama zum Ausdruck gebracht, daß es sich um ein außerirdisches Welterleben handelt, welches auf den Menschen eindringt mit der Unerbittlichkeit und Unabänderlichkeit, die die Welt nach dem Tode für den Menschen zunächst hat. Und was im Menschen diesem Welterleben widerspricht, muß zugrunde gehen. Dadurch offenbart aber gerade die Tragödie, daß der Erdenmensch *Bürger zweier Welten* ist, daß er mit seiner Seele im Kosmos wurzelt. Er wurzelt im Kosmos, aber um der Entfaltung seiner Ich-Selbständigkeit willen mußte das Wissen davon verlorengehen, und die Tragödie kann sein Himmel-Ich zunächst nur retten durch physischen Untergang.

Wie ist es aber möglich, daß in unser Erdenwirken und Erdenwollen schon jetzt Impulse hineinschlagen, die erst nach dem Tode kommen? Darin offenbart sich ein tiefes Geheimnis der Menschennatur. Wir tragen in unserem *Willen* unbewußt die ganze Zukunft in uns; unser Wille ist – so könnte man sagen – selber verdichtete Zukunft, ein Keim, der geistwirklich erst aufblüht nach dem Tode.[42] Und was dann als unser wahres Wesen richtend vor uns steht, das erleben wir als Vorschau unbewußt schon jede Nacht. Und aus diesen nächtlichen Willenstiefen unseres Wesens, die auch alles Dämonische und Böse in sich bergen, kann etwas heraufblitzen und heraufstürmen, dem der gewöhnliche Erdenverstand nicht gewachsen ist. Es kann hervorbrechen mit jener Urgewalt des Unberechenbaren, die so verwandt ist dem Reich der regellosen Stürme, Vulkanausbrüche, Erdbeben, der unbestimmten Wolkenbildungen, den Regen- und Hagelschauern, den elektrischen Entladungen der Gewitter – all jener Kräfte in der Erdennatur und Menschenseele also, die Nachwirkungen sind des *alten Mondes*, die sich darstellen als zurückgebliebene Monden-Impulse. Indem Rudolf Steiner einmal von dieser unterbewußten nächtlichen Sphäre unserer Seele spricht, deutet er hin auf Heinrich von Kleist und seine dramatischen Gestalten, die ja solche Nachtwandler des Unbewußten, somnambule Träumer sind wie der Prinz von Homburg, der sogar seine Siege in einer Art von Traumzustand vollbringt.[43] Shakespeare läßt wunderbar die Triebe und Träume dieses mondenhaften Seelen-Elementes zusammenfließen mit dem unberechenbar Elementarischen der Natur: König Lear, im Sturme rasend, scheint sich in die Elemente auflösen zu wollen; Prospero als Magier gebietet ihnen, und Caliban, den er nicht zum Menschen wandeln kann, erscheint als die verkörperte Tierastralität des alten Mondes, das «Mondkalb».

Verfolgen wir diese kosmische Mysterien-Dramaturgie bis zur *Sonne*, dann haben wir in ihr diejenige Weltenkraft zu sehen, die gewissermaßen Harmonie schafft zwischen den «schicksals-

bestimmenden Planeten» und den «menschenbefreienden Planeten». Die untersonnigen Planeten-
kräfte – Mond, Merkur und Venus –, sie binden das Seelisch-Geistige des Menschen an seine
Hüllen, an seine Gemütsanlage, sein Blut, sein Geschlecht, seine Rasse und Nation, an den
Erdenort, wo er zu Hause ist, sie bestimmen sein Schicksal bis in die Vererbung hinein, die im
naturalistischen Drama des 19. Jahrhunderts so eine große Rolle spielt. Mars, Jupiter, Saturn
dagegen senden befreiende Impulse in den Menschen. Und von der Sonne gehen die Wirkungen
aus, welche Freiheitsimpulse und Schicksalsnotwendigkeiten zum Ausgleich bringen wollen.
«Und derjenige allein versteht das, was eigentlich in dem lohenden, lodernden Sonnenlicht
enthalten ist, der dieses Ineinanderweben und -leben von Schicksal und Freiheit in dem sich in
die Welt verbreitenden und wiederum in der Sonne sich warm zusammenhaltenden Lichte
schaut.»[44] Dies geistige Licht hat *Luzifer*, der Lichtträger, einst als Freiheits-Impuls zu früh in
die Menschheit getragen, hat die dionysische Selbst-Vergöttlichung des Menschen herbeige-
führt, hat den Prometheus, den Tantalus mit der Hybris erfüllt, sich zu den Göttern zu erheben,
hat in den Helden Shakespeares durch das dämonisch-geniale Übermaß einer einseitigen Kraft
die Harmonie des Seelengleichgewichts in solche Erschütterung gebracht, daß wir ihren Tod als
einzige Erlösung geradezu ersehnen müssen. «Brich, Herz, ich bitt' dich, brich!» – das ist das
letzte, was der treue Kent für seinen König Lear noch wünschen kann. Luzifer hat Schicksal-
und Charaktertragödien heraufbeschworen, in welchen die Götter den Menschen untergehen
lassen müssen, um ihn für seine künftige Erdenbahn zu retten.

Ist ein Drama denkbar, in welchem der Held selber mitgestaltet an dem Sonnen-Impuls,
Freiheit und Schicksal in Harmonie zu bringen? Das ist das neue Mysteriendrama, und Goethe
hat durch seinen «Faust» einen Anfang damit gemacht. Nicht zufällig beginnen beide Teile
dieses Werkes mit der *tönenden Sonne* und enden mit dem «ist gerettet». Aus der unbestimmten
Sehnsucht seines monderhellten Studierzimmers wird Faust immer bewußter hineingeführt in
die Mond-Welt der romantischen und klassischen Walpurgisnacht, er tut in dem Blocksberg-
Geschehen einen Blick in schlafende Willenstiefen seines eigenen Wesens, erlebt seine Schuld
und schaut kommendes Schicksal voraus: Gretchens Todesgang – um schließlich auf dem
dunklen Gang zu Persephoneia in die Werdekräfte des menschenverwandten Naturlebens
eingeweiht zu werden bis hin zum mondbeglänzten Meeresfest.

54 Das neue Mysteriendrama ist das Sonnendrama der Erkenntnis, durch welche der Mensch aus

der Sonnenkraft seines Wesens die Prüfungen frei vorausnimmt, die nach dem Tode kommen, und sich dadurch vom Dämonischen immer mehr befreit. In dem Maße, als er das Dämonische aus sich heraussetzt, wird es als objektive Weltenmacht künstlerisch sichtbar: Mephisto, Luzifer, Ahriman.

Nun kann aber die Frage entstehen: Hört denn dadurch die Tragik auf, daß der Mensch sich vom Dämonischen befreit und sich durchringt zur wahren Freiheit? Können die Taten eines aus moralischer Phantasie Handelnden nicht auch in schuldhaft-tragische Verwicklung führen? Erleben wir nicht in den Mysteriendramen Rudolf Steiners die Hauptgestalten – Johannes, Capesius, Strader – in immer erschütternderen tragischen Situationen, je mehr sie zu sich selbst erwachen? Und erscheint uns nicht gerade der Freieste, Benediktus, je mehr er sein Schicksal mit dem seiner Schüler verbindet, in einem besonders tragischen Licht?

Auch dieses Rätsel hat Rudolf Steiner gedeutet, ein halbes Jahr nach dem Brand des Goetheanum: «Das ist aber einmal die große Zeitaufgabe, die Zeitmission, daß die Menschen aus dem Dämonischen herauswachsen und in das Freie hineinwachsen. Aber wenn wir die *inneren* Dämonen als diejenigen Gestalten, die uns zu tragischen Persönlichkeiten machen, loswerden, werden wir das *Äußerlich-Dämonische* um so weniger los. Denn in dem Augenblicke, wo der Mensch mit der Außenwelt in Beziehung tritt, fängt auch für den neueren Menschen etwas Dämonenartiges an... das [hängt zusammen] mit dem Karma... Und ebenso wie das Dämonische einmal zum Tragischen geführt hat, so wird gerade beim modernen Menschen das *Erleben des Karma* zur tiefen innerlichsten Tragik führen können...»[45]

Tragik des Karma muß auch der Eingeweihte erleben, bei dem schon das gesprochene Wort, das ihn mit der Umwelt verbindet, von daher wie ein Pfeil auf ihn zurückschnellen kann. Die Worte, die Benediktus in einem früheren Erdendasein gesprochen hat, wirken durch seine Schüler mit am Untergang der Templer, wenn sie nicht geistig gewandelt werden. Man kann bei den großen Eingeweihten geradezu von einer *Tragödie der Unschuld* sprechen – eine Wendung, die Albert Steffen besonders am Herzen lag. In seinem Drama «Hieram und Salomo» läßt er die Geistseele Hierams die Worte sagen: «...Der Fehler, dem ich erlag, um Leben zu retten, war kindhaft ... er wird Verzeihung erlangen...» Die Schuld *Salomos* ist nicht kindhaft. Er unterliegt dem Einfluß der dämonischen üblen Gesellen. Er ist der unfreie, besessene Mensch, dessen Tragik darin besteht, daß er sich nicht wandeln kann. Während Hierams leibbefreite

Seele dem Sonnenworte folgt, steht er verlassen in einer Landschaft, die zugleich ein Bild seines Seelenzustandes ist: in der Wüste, umtobt vom Sandsturm, umjohlt von den Gespenstern der drei geköpften Gesellen. Indem Albert Steffen diese beiden Gestalten geistig zurückführt zu *Kain*, dem unsterblichen Sohn des Sonnen-Eloah, und zu *Abel*, dem Menschensohn, der den Mondenkräften unterliegt, hat er in ihnen etwas urbildlich verkörpert von den Sonnen- und Monden-Impulsen des Dramas. Er sah in dem Mythos von Kain und Abel einen Urstoff der Menschheit, den Ursprung des Dramas, der nicht bloß im Irdischen, sondern im Kosmischen wurzelt.

Im modernen Mysteriendrama werden immer bewußter diese Hintergründe enthüllt, bis in das Bühnenbild. In den Mysteriendramen Rudolf Steiners gibt es Bühnenbilder, welche Seelenlandschaften sind, aus denen es spricht und klingt: «O Mensch, erkenne dich!» aus denen die Stimme des «Geistes der Elemente» unter Blitzen und Donnern heraustönt oder die spottende des «Geistes des Erdgehirns». Und wo das Bühnenbild uns in das Geistgebiet selbst erhebt, da besteht die Szenerie aus sich offenbarenden Menschenseelen und Geisteswesen, die mit sinnvollen Farbenfluten ein Ganzes bilden. So in jener gewaltigen Szene der nachtodlichen *Sonnenzeit*, wo wir uns in die Sphäre eines flutenden Regenbogens versetzt sehen und den Karma-Gesprächen lauschen, die Menschenseelen und Geisteswesen auf der Sonne führen, um Freiheit und Schicksalsnotwendigkeit für das Erdenleben in Harmonie zu bringen.

Der wahre Künstler, «für den das, was er darstellt, eigentlich nur die Veranlassung ist, sein Leben mit dem Kosmos wiederzugeben», er enthüllt im Mysteriendrama die Kräfte der schicksalbestimmenden und menschenbefreienden Planeten, aus denen auf Erden die Tragik des Karma entsteht. Man kann dieses moderne Mysteriendrama ein christliches nennen, insofern in ihm erlebt wird der Herr des Karma, der Sonnengeist, der im Menschen selber wirken will, um *auf Erden* den Sonnen-Impuls zu verwirklichen, der Schicksal und Freiheit zum Ausgleich bringt.

Die Bühne als Traumbild[46]

Erst wenn wir etwas ahnen von der geistigen Welt, in der das Drama als Kunstgattung menschenkundlich wurzelt, können wir die Szene gestalten: das *Bühnenbild*, das ja teilhaben muß an dieser Welt, an den geistigen Kräften, die hereinspielen ins Drama aus dem Gang der Seele durch den Kosmos, durch die verschiedenen Inkarnationen. Dieser Gang beginnt aber schon jede Nacht, wenn wir in die kosmische Welt versetzt werden, in der wir unser künftiges Schicksal vorbereiten und wo unser tägliches Tun und Lassen geistig beurteilt, das heißt gerichtet wird. Diese Welt ist der esoterische Hintergrund jedes echten Dramas, das es nur scheinbar mit Erden-Taten und Erden-Leiden zu tun hat; die Phantasie des dramatischen Dichters erhebt sich bewußt oder unbewußt in die elementarische Welt, die der Mensch nach dem Tode betritt. Die Kunstform des Dramas – das läßt sich unschwer erkennen – ist eine irdische Spiegelung davon. *Dionysos*, der Gott der Tragödie, ist zugleich *Hades*, der Herr der Unterwelt. Wie wir bereits erwähnten, das Drama drängt an die Schwelle des Todes, um schon ins Erdenleben hereinzunehmen, was nach dem Tode kommt: das *Gericht*, das *Urteil*, das die geistige Welt über die Taten des Menschen fällt.

Das Leben auf der Bühne wird dadurch zum *Traumbild*, das dem Helden die Wirkungen seiner Schuld, seiner Schicksalsverknüpfungen entgegenhält, wie nach dem Tode. Aus den Schlafestiefen des Unterbewußten, Halbbewußten steigen die Schicksalskräfte auf und machen die Ereignisse zum «Wahr-Traum», der wirken kann «wie aus der geistigen Welt heraus.» Und die Darstellung auf der Bühne verlangt ein Herausarbeiten dieses *Lebenstableaus* aus den Traumkräften der Phantasie. Das *Bühnenbild* muß daran teilhaben. «Unsere Bühne fordert gerade mit ihrer Beleuchtung, mit ihrer eingehenden Dekoration dieses Verfolgen des Weges bis zu dem traumhaften Überschauen des Gesamttableaus, des Gesamteindrucks. Denn je mehr auf der Bühne das Gesamtbild den Eindruck der halbgeträumten Phantasie macht, desto besser ist es für die abendbühnenmäßige Darstellung. *Der Eindruck des Lebendigen, des Realistischen geht gerade hervor, wenn man der Bühne ansieht, daß ihr Bild aus in lebendige Phantasie umgegossenen Träumen entstanden ist.*»[47]

Für diese von Rudolf Steiner so eindeutig ausgesprochene Tatsache, durch welche bei der Darstellung des echten Dramas auch im Bühnenbild jeder Naturalismus ausgeschlossen bleibt, hatten um die Jahrhundertwende manche sensiblen Künstler ein Organ. So schreibt Hugo von Hofmannsthal 1903 in einem Aufsatz «Die Bühne als Traumbild»: «Vergessen wir doch niemals, daß die Bühne nichts ist, und schlimmer als nichts, wenn sie nicht etwas Wundervolles ist. Daß sie der Traum der Träume sein muß, oder aber sie ist ein hölzerner Pranger, auf dem das nackte Traumgebild des Dichters widerlich prostituiert wird. Wer das Bühnenbild aufbaut, muß wissen *wie*, er muß daran glauben, vollgesogen muß er damit sein, daß es auf der Welt nichts Starres gibt, nichts, was ohne Bezug ist, nichts was für sich allein lebt. Seine Träume müssen ihn das gelehrt haben, und er muß die Welt so sehen; die Kraft des Träumens muß groß in ihm sein, und er muß ein Dichter unter den Dichtern sein. Sein Auge muß schöpferisch sein wie das Auge des Träumenden, der nichts erblickt, was ohne Bedeutung wäre. Ein Bild schaffen, auf dem nicht fußbreit ohne Bedeutung ist, das ist alles . . .»[48]

Die beiden Begründer moderner Bühnenbildkunst, der Schweizer Adolphe Appia und der Engländer Edward Gordon Craig, haben für ihre anti-naturalistischen Visionen versucht, die Möglichkeiten des elektrischen Lichtes innerhalb plastisch-gestalteter Räume zu verwenden. Craig inszenierte in Florenz im Jahre 1906 mit Eleonora Duse «Rosmersholm» von Ibsen. Das Bühnenbild «war ein Traum». Die Freundin Craigs, die Tänzerin Isadora Duncan, schreibt in ihren Memoiren: «Niemals habe ich eine solche Vision gesehen. Ganz weite blaue Räume, himmlische Harmonien, steigende Linien, kolossale Höhen. Durch das große Fenster im Hintergrund fiel das Licht ein. Dahinter sah man nicht eine kleine Straße, sondern das unendliche Universum. In den blauen Räumen war alles Gedanke, Meditation, Melancholie. Hinter dem Fenster war Ekstase, Freude, das Wunder der Imagination.»[49]

✳

Das Bühnenbild ist im echten Drama immer etwas wie das Lebens-Tableau, das der Mensch nach dem Tode erlebt. Und es wird *imaginativ* dadurch, daß der Bühnenbildner ein Stück Natur oder ein Stück Menschheits-Kultur, in die das dramatische Geschehen eingebettet ist, zum Ausdruck moralisch-geistiger Kräfte so umgestaltet, *daß die Sprache des dramatischen Werkes weiterschwingen kann in der Formensprache des Bühnenbildes.* Es wird dies umso mehr der Fall sein können, je weniger das Bühnenbild abgeschlossenes «Bild» ist, je mehr es überall in andeutender Bewegung bleibt, sowohl durch die Möglichkeit, mit der wechselnden Beleuchtung verschiedene Nuancen anzunehmen, wie auch durch eine Art fließend-bewegter Farbgestaltung, welche den Sprachstrom aufnehmen kann. Als grundsätzliche Anregung dafür kann uns die Malweise erscheinen, die Rudolf Steiner im ersten Goetheanum anwandte: In diesem «Haus des Wortes» sollten nicht nur die geschnitzten, sondern auch die gemalten Formen die Seelenbewegung der Sprache aufnehmen und weiterschwingen lassen. Sie wurden selber Sprache, indem ihnen der Schein fließender, strömender Bewegung verliehen wurde.

Die Selbstlosigkeit des Bühnenbildners besteht darin, daß er darauf verzichtet, sein Bild «fertig» zu machen. Er gibt nur Andeutungen, die aber so beseelt, belebt und sprechend sind, daß sie von der Sprache des Schauspielers ergänzt und in die Phantasie hinein fortgesetzt werden können. Dann ergießt sich die Sprache stilvoll in den umgebenden farbigen Raum. Ein Bühnenbild, das so aus dem Sprachgeist des Dramas entstanden ist, daß es die auf- und abklingenden Seelenbewegungen der Vorgänge in sich aufnehmen kann, wird durch die Art seiner Konturen, seiner Farbgebung, seiner innerlich bewegten Flächen gerade den *Traum-Charakter* am besten wiedergeben, besonders durch die *Farbe*, die das Naturalistische überwinden und Gefühle unmittelbar «seelenräumlich» sichtbar machen kann. So daß es beim Stilisieren eines «Waldes» etwa weniger darauf ankommt, Bäume in abstrakte «Stangen» zu verwandeln, sondern sie durch eine der dramatischen Stimmung entsprechende Farbe über das Naturalistische zu erheben, wie es zum Beispiel einmal am Goetheanum in einer Aufführung des «Empedokles» von Hölderlin versucht wurde: neben die sandsteinfarbenen Säulen des Tempels von Agrigent Zypressen zu stellen, abgestuft von dunkel- bis hellviolett. Eine solche «expressionistische» Farbgebung stimmt wunderbar mit der Sprache Hölderlins zusammen.

In Farben festgehaltene menschliche Gefühle zu erleben, das gehört zu einer vertieften Schulung sowohl des Bühnenbildners wie des Schauspielers. «Es gibt eigentlich nichts Schöneres für die Entwickelung des dekorativen Sinnes für die Bühne, als den *Regenbogen* zu erleben. Rechte Hingabe zu haben für den Regenbogen, das entwickelt ungemein den Blick und das innere Können für die Szenengestaltung... im seelischen Anschauen der Farben des Regenbogens schaut der Mensch nicht mehr dasjenige an, was bloß äußere Natur ist, sondern er wird gegenüber dem Geistig-Seelischen, das in der Natur waltet und das hereingenommen werden muß auf die Bühne – sonst ist die Dekoration keine wirklich künstlerische –, zum naiven Weltenbetrachter im Geistig-Seelischen.»[50]

Ein Szenenbild, das «sprechen» soll, wird aber noch ein zweites Grundelement des Dramatischen in sich haben müssen, um stilvoll zu wirken: *Gebärde*, richtende, deutende Gebärde. Wie dies gemeint ist, mag ein Beispiel zeigen, das darum so instruktiv sein kann, weil der Dichter selber auch das Bühnenbild entworfen hat. Das Drama «Das Todeserlebnis des Manes» von Albert Steffen beginnt mit einer Szene, die im Mondlicht das verschlossene Tor von Gondischapur zeigt. Davor ein dunkler Hügel mit dem drohend aufgerichteten T-Zeichen des Todes. Die stumme Gebärde dieser Szene wird in der ersten Sätzen laut:

> *Manes* (kommend): «Die Tore Gondischapurs zu? Warum?»
>
> *Der Wächter:* «Der Galgen sagt es. Warte, bis es tagt.»

Noch bevor wir über die weiteren Zusammenhänge etwas erfahren, empfinden wir durch die Gebärdensprache des Bühnenbildes die herrschende geistige Verfinsterung in Gondischapur.

Um das Gebärden-Element ins Bühnenbild zu bringen, ist es nicht nötig, wie es oft geschieht, gegebene Formen ins *Abstrakte* zu stilisieren. Sowohl die Narurdinge wie die Schöpfungen des Menschen *haben schon eine gestenhafte Gestalt*, die es gilt, in der einen oder anderen Weise zu *steigern*. In Steffens Drama «Barrabas» steht der verdorrte Feigenbaum, an dem sich der verzweifelte Judas erhängt, gegenüber dem lilien- und rosengeschmückten Häuschen der liebenden Seraphita; beides überwölbt im Hintergrund von dem Golgatha-Hügel mit den drei Kreuzen. Die Szene bleibt im Erdenraum und wird doch zum imaginativen Bild, wobei die Polarität dramatisch besonders wirksam ist.[51]

Das Bühnenbild wird immer stärker Klang und Sprache, wenn – wie im modernen Mysteriendrama – die Schwelle des gewöhnlichen Bewußtseins überschritten wird. Es tönt aus Quellen und Felsen: «O Mensch, erkenne dich!» Wo geistige Bereiche wirklich betreten werden, wird das Farbenfluten der Szene freiere und bewegtere Formen annehmen wie eben – wir erwähnten es bereits – in den Kuppeln des ersten Goetheanum. Die Szene hat alles Naturhafte abgestreift und wird zur Hülle geistiger Wesen. Es erweitert sich gleichsam das, was in den Wesen lebt, nach außen in den Umkreis zu elementaren Seelenformen und geistigen Gestaltungen.

Für den Bühnenbildner besteht die Schwierigkeit, daß trotz des imaginativen Charakters seine

Szene *räumlich begehbar* sein muß. Der Darsteller muß sich innerhalb des Bühnenraums bewegen können. Das Tor von Gondischapur muß auf der Zinne von Bogenschützen besetzt werden; der Galgenhügel davor muß zur Vollsteckung des Urteils bestiegen werden und aus seinem Inneren tauchen die Toten auf. Der Bühnengestalter ist also in die Lage versetzt, einen Raum zu schaffen, dessen Räumlichkeit er durch Farbe und bewegtes Licht wieder ins Imaginative aufheben kann. Ein künstlerisches Wunder! Das vollzieht sich aber fortwährend mit dem Schauspieler selbst, der in diesem Bühnenraume steht, daß seine räumliche Gestalt übergeht ins Bildhaft-Beseelte, indem er aus sich heraus seine Rolle gestaltet. Wir vergessen sogar, wenn durch Sprache und Gebärde das Bild eines bestimmten Charakters vor uns hingezaubert wird, ob der Darsteller groß oder klein, dick oder mager ist. Durch die äußere Bewegung seiner Geste, die innere Bewegung seiner Sprache wird seine bloße Raumesgestalt fortwährend umgewandelt zum bewegten Seelenbild. Das dramatische Kunstwerk besteht in *Bewegung*, und das beste Bühnenbild wird dasjenige sein, das diese Bewegung in sich aufnehmen kann, um als Hülle den dramatischen Vorgang ausdrucksmäßig zu steigern.

Der Zuschauer darf in berechtigter Naivität dieses Seelische so empfangen, daß er dabei untertauchen kann in jenen Unschulds-Urzustand, aus dem ihm als Traumbild die Welt sich neu erschafft, verwandelt von einem Geiste, der ihn über sich selbst erhebt. Im modernen Menschen lebt im Grunde die Sehnsucht, im Bühnenkunstwerk eine Mysterienoffenbarung zu empfangen, auch in den Bühnenschaffenden selber. Der 1951 verstorbene französische Schauspieler und Regisseur Louis *Jouvet* schrieb einmal: «Ohne Zweifel – es ist der flüchtige Widerschein des verlorenen Paradieses, den uns das Theater darbietet . . . Eine andere Wirklichkeit kündigt sich augenscheinlich an. Es ist ein Reich, wo sich die Metamorphosen endlich verwirklichen können. Man ist ein anderer und man ist mehr als man jemals war. Die Welt wird Traum und der Traum wird Welt. Man ist am Anfang einer Initiation, einer Einweihung.»[52]

Zum Drama «Hieram und Salomo» von Albert Steffen
Ein Drama wie Albert Steffens «Hieram und Salomo» mag auf den ersten Blick aller modernen Dramatik gegenüber als etwas Befremdliches erscheinen. Statt einer «realistischen» Auseinandersetzung mit dem Bösen sehen wir Vorgänge und Gestalten, die der alten «Tempellegende» entnommen sind und die in ihrer Poesie weit wegzuführen scheinen von den Problemen der Gegenwart.

Dem unvoreingenommenen künstlerischen Sinn aber erscheinen sie als Imaginationen, welche das Rätsel des Bösen im Kern ergreifen und zurückführen auf den Anfang der Menschheit überhaupt. Wir sehen die Gestalt des K a i n. Warum wird gerade e r, der Gottessohn, zum ersten Brudermörder? E r, der göttlicher Herkunft ist, wird zum ersten Verbrecher, sein Opferrauch steigt nicht zum Himmel, sondern bleibt auf der Erde hängen. Warum nahm die Gottheit sein Opfer nicht an?

Es ist das Geheimnis des Bösen bis zum heutigen Tag, daß es gerade die göttlichen, die höheren Kräfte im Menschen sind, die verderblich und zerstörend wirken müssen, wenn sie nicht dem Geiste, sondern der Erde dienen wollen, getrieben von irdischen Egoität. Die Kinder und Kindeskinder Kains schufen die Technik, waren «Meister in allerlei Erz- und Eisenwerk», waren Künstler, «Geiger und Pfeifer» (1. Moses 4). Und es war die Aufgabe Hierams, des großen Eingeweihten, die Kainskinder, die feurigen Denker und willensstarken Techniker, die den Stoff zerstören müssen, um ihn zu beherrschen, die «töten» müssen, zu versöhnen mit den Kindern Abels, den Hirten und Priestern, welche die Innerlichkeit pflegen und die Offenbarungen des Göttlichen in Träumen empfangen, sie zu versöhnen und den Brudermord zu sühnen.

Dafür sollte sichtbares Sinnbild sein der Guß des E h e r n e n M e e r e s (1. Könige 7), gegossen aus sieben Metallen, die durchsichtig gemacht wurden für die kosmischen Kräfte, für das Weltenwort. Rudolf Steiner: «...das Eherne Meer entsteht, wenn das Wasser der ruhigen Weisheit sich verbindet mit dem Feuer... der Leidenschaft... Das Feuer schmiedet den Erdenstoff zur empfänglichen Schale; das Wasser deutet den himmlischen Inhalt an, der sich in sie ergießt... Das Eherne Meer, aus Feuer gebildet, Wasser in sich zu tragen bestimmt – ein grandioses Beispiel der göttlichen Inkarnation.»[52a]

Das Eherne Meer war also zugleich eine P r o p h e t i e a u f d e n C h r i s t u s und sollte vor dem salomonischen Tempel stehen, sichtbar für alles Volk. Für die Eingeweihten aber war das Mysterienverrat, und der Meister Hieram, der Eingeweihte, selber ein Kainskind, mußte wohl dafür das Leben lassen. S a l o m o, das Abelskind, aber ist der Repräsentant einer rein menschlichen Verstandesklugheit, die jedoch durch menschliche Schwächen sich schuldig macht. Seine Weisheit eilt der Menschheitsentwicklung voraus, er kann aber mit ihr sein Schicksal nicht meistern. Er ist gegenüber dem Eingeweihten der genial begabte Mensch, der alles aus sich selber holen will, und er begründet eine rein exoterische Kultur, deren Herrlichkeit von Königen aus aller Welt bestaunt wurde.

So kommt B a l k i s, die Königin von Saba, aus ihrem südarabischen Reich, die «Sternenkönigin», eingeweiht in ägyptisch-chaldäische Sternenweisheit, um Salomo zu huldigen, und fühlt sich durch die Begegnung mit Hieram zu einer tragischen Entscheidung gezwungen. Sie kommt zum Versöhnungswerk zu früh. Die Menschheit mußte noch tausend Jahre warten auf die Mutter des Erlösers.

Wenn Albert Steffen diesen Stoff auch deshalb gewählt hat, «weil sich hier wie in einem Urphänomen alle Künste zusammenfinden», so bedeutet das für die Verwirklichung auf der Bühne, daß Sprache, Gebärde, Musik, Farbe, Licht und Eurythmie zusammenfließen müssen zu einem Gesamtkunstwerk, welches diese offenbaren Menschheits-Geheimnisse geist-realistisch und seelen-echt einem durch die Erfahrungen unseres Jahrhunderts sensibler gewordenen Verstehen und Empfinden nahebringen kann. Die Kunst Albert Steffens vermag sowohl dem Schauspieler wie dem Zuschauer ein Sehen und Hören zu erschließen, das man im goetheschen Sinne ein sinnlich-sittliches nennen muß und das zum Organ, zum Spürsinn werden kann für die Hintergründe des Lebens.

Bühnenbilder:
Fünftes Bild: Das Innere des Tempels. Der Guß des Ehernen Meeres.
Hieram: Paul Theodor Baravalle; Salomo: Jörg von Kralik; Balkis, Königin von Saba: Sylvia Baur; drei üble Gesellen: Robert Schmidt, Paul Klarskov, Wolfgang Rommel

Achtes und neuntes Bild: Oase mit blühendem Cassiawäldchen am Randgebirge der Wüste.

Letzte Szene: Salomo: Jörg von Kralik; Hieram: Paul Theodor Baravalle; Priester und Volk

Der Ursprung des Dramas aus den Mysterien

Zur Esoterik des Schauspielers, der seine Kunst in dem Sinne pflegen möchte, daß sie wirkt «wie aus der geistigen Welt heraus», gehört auch die *Erinnerung an ihren Ursprung aus den Mysterien*, an den *Ernst*, der damit verbunden war, eine Brücke zum Geist zu bilden, an die heilige Scheu, übersinnliche Vorgänge, die unter Göttern spielten, ins irdische Leben zu bannen. Denn es waren ursprünglich nicht menschliche Begebenheiten, Erdenvorgänge, die dargestellt werden sollten, sondern dasjenige, was im Übersinnlichen geschieht unter übersinnlichen Wesen. «Aber man hatte in den ältesten Zeiten durchaus Scheu, das unmittelbar anschaulich darzustellen. Man hatte vielmehr das Gefühl, man muß alles dasjenige tun, wodurch gewissermaßen ein Schema der Götter selber auf der Bühne steht. Man mußte auf der Bühne alles so einrichten, daß der Zuschauer das Gefühl bekam, die Götter seien selbst mit einem Teil ihres Wesens auf die Bühne heruntergestiegen.»[53]

Das wurde erreicht durch eine Sprach-Magie kultischer Art, die ein einzelner gar nicht handhaben konnte, sondern die aus dem Gruppenbewußtsein des *Chores* kam. Im Ursprung war *nur der Chor*, noch nicht irgendeine Darstellung. Der Chor erschuf durch eine mantrisch-rhythmische, hochstilisierte Gestaltung der Sprache, begleitet von Instrumenten, mit seinen Dithyramben ein musikalisch plastisches Klanggewand, einen ätherischen Sprachleib, eine magisch klingende Hülle von solcher Dichte, daß die Zuhörer im Dämmer des Mysterienraumes fühlten: Der Gott kann in diese dichte Hülle heruntersteigen, er kann sich in diesem ätherischen Sprach-Leib inkorporieren, er ist im Raume anwesend, er ist da! Und sie empfanden Ehrfurcht und heilige Scheu vor diesem Da-sein, und zugleich regte sich das Gefühl, moralisch mit dieser Welt des Gottes, mit seinem Glanz und seinem Leiden mitzuleben, es regten sich Ehrfurcht, Furcht und Mitleid.

Die Menschheit älterer Zeiten konnte durch die Mysterien noch leichter dazu gebracht werden, in dem ätherischen Weben solcher Sprach-Magie die Anwesenheit des Göttlichen wirklich wahrzunehmen. Und erst als im Bewußtseinsgang der Menschheit diese Möglichkeit, in den plastisch-musikalischen Konturen des Wortes die Gottheit zu erleben, immer mehr schwand, stellte man in physisch-konturierter Menschengestalt einen *Schauspieler* als den Gott dem Chore gegenüber, mit der *Maske,* die nicht das immer bewegliche Menschengesicht, sondern das Dauernd-Ewige des Göttlichen zum Ausdruck bringen sollte, wie die Tierköpfe der ägyptischen Götter, Tier-Masken, die sich auf den Tierkreis bezogen. Und allmählich kamen dann ein zweiter, ein dritter Schauspieler hinzu, so daß auch in der Entstehung des Dramas ein Erdenabstieg des Göttlichen stattfand in gesetzmäßiger Art: von der geistigen *Schau* zum inspirierten *Wort* in die sichtbare *Gestalt.*

Friedrich Nietzsche hat in seinem genialen Erstlingswerk «Die Geburt der Tragödie aus dem Geiste der Musik» es richtig erkannt, «daß die Tragödie aus dem tragischen Chor entstanden ist und ursprünglich nur Chor und nichts als Chor war, woher wir die Verpflichtung nehmen, diesem tragischen Chor als dem eigentlichen Urdrama ins Herz zu sehen.» Und er spricht die tiefe Anschauung aus, daß es immer der *Gott* ist, der in den Individuen leidet: «...der *eine* wahrhaft reale Dionysos erscheint in einer Vielfalt der Gestalten, in der Maske eines kämpfenden Helden und gleichsam in das Netz des Einzelwillens verstrickt.»[54] Das *Göttliche* in uns erfährt Sieg oder Untergang, nicht das *Tierische.* Das Tier kann nicht Tragik erleben, nur der höhere Mensch. Und es kann da keine echte Tragödie entstehen, wo das Tier im Menschen das Göttliche verdeckt! Das ist doch die entscheidende Frage für alles gegenwärtige Bühnengeschehen! Darum die Anforderung an denjenigen, der sein Leben der Schauspielkunst widmen will, immer wieder *Ursprung* und von daher auch *Ziel* seines Berufes zu bedenken. «Nur wenn man in der ganzen dramatischen Darstellungskunst den Zauberhauch dieses ihres Ursprunges verspürt, dann stellt man sie heute als Akteur in der richtigen Weise noch vor die Zuschauer hin, denn dann weiß man, wie aus dem Kultus heraus, der auch darstellen will dasjenige, was im Übersinnlichen liegt, in der sinnlichen Welt, die Schauspielkunst hervorgetreten ist.»[55]

Mysteriendramatik und moderne Einweihung
«*In zyklischer Wiederholung werden am Goetheanum, der Freien Hochschule für Geisteswissenschaft in Dornach, die vier Mysteriendramen von Rudolf Steiner aufgeführt. Der Bau des später durch Feuer vernichteten ersten Goetheanums wurde im Jahre 1913 begonnen, um eine würdige, stilgemäße Umhüllung zu bilden für die dramatische Darstellung der Mysteriendramen, nachdem vom Jahre 1910 an jährlich die Uraufführung eines dieser Dramen in München stattgefunden hatte. Die Errichtung des ersten Goetheanums bedeutet eine Wende in der geistesgeschichtlichen, künstlerischen und kulturellen Entwicklung, für welche die Mysteriendramen – dichterische Erstlinge eines neuen Zeitalters – zeugen. Bei der Grundsteinlegung sprach Rudolf Steiner von der Kulturaufgabe, die in diesem Augenblick in Angriff genommen wurde: Kunst, Wissenschaft und Religion, «die eine Weile in der Menschheit getrennte Wege gehen sollten», müssen wieder vereinigt werden. Damit ist die Epoche einer neuen Mysterienkultur eingeleitet. Das Initiationsprinzip wird vor die Öffentlichkeit gestellt. Von nun an wird aber – im Gegensatz zu den alten Mysterientraditionen – mit der menschlichen Freiheit gerechnet. Das bedeutet, daß einbezogen werden muß die Anerkennung der Mächte des Bösen im kosmischen Prozeß. Das große Motiv unserer Epoche, die Ich-Entwicklung und die kosmische Duldung des Bösen – welches schon das Zentralmotiv der «Faust»-Dichtung darstellt –, erfährt nun seine Metamorphose im 20. Jahrhundert. Auf Goethes Geisteswerk im weitesten Sinne mußte sich wie auf ein Fundament die neue Mysterienkunst aufbauen. Und so wurde das Goetheanum, das «Haus des Wortes», die Stätte der Mysteriendramatik. Der Sehnsuchtsruf der Schönen Lilie in Goethes Märchen:*

     ‹*Ach, warum steht der Tempel nicht am Flusse?*

     Ach, warum ist die Brücke nicht gebaut?›

kann nun seine Erfüllung finden. Das Tempelgeheimnis des Goetheschen Märchens ist offenbar. Die Wege von diesseits und jenseits des Flusses sind gangbar. Die Brücke ist gebaut.»[61]

Die Brücke ist gebaut, der Weg zur Schwelle der geistigen Welt ist offen, seitdem mit dem 20. Jahrhundert ein neues «lichtes Zeitalter» begonnen hat. An dieser Schwelle stehen aber heute zwei Gestalten, für die sich in Goethes Märchen von der grünen Schlange und der schönen Lilie noch keine Entsprechungen finden: Luzifer und Ahriman.

Es ist eine der größten Erkenntnistaten moderner Geisteswissenschaft, das kosmische Wesen des Bösen, das älteren Kulturen in seiner Polarität wohl bekannt war, wieder entdeckt und dem modernen Bewußtsein zugänglich gemacht zu haben. Und die Auseinandersetzung mit dem Bösen, die man geradezu als die Grund-Aufgabe unserer Kultur-Epoche bezeichnen kann, ist nur durch diese Erkenntnis fruchtbar und möglich: Es ist das Gleichgewichtfinden des Ich zwischen der einen Macht, die ihn von der Erde und ihren Pflichten in geistiger Selbstüberhebung losreißen will, und der anderen, die ihn mit seinen tierischen Trieben und materiellen Erkenntnissen an die Erde fesseln möchte. In Goethes Faust-Drama sind diese Möglichkeiten noch in einer Gestalt gemischt: Mephistopheles hat luziferische und ahrimanische Züge. Aber Goethe fühlte das Unzulängliche dabei und war mit seiner eigenen Schöpfung dieser Gestalt keineswegs zufrieden.

67

So sehen wir in dem vierten Bild des ersten Mysteriendramas Rudolf Steiners «Die Pforte der Einweihung» Johannes Thomasius an der Schwelle zunächst Luzifer und Ahriman begegnen, deren Wesen sich in seiner Seele verführerisch spiegelt. Das Bühnenbild wird hier, im Mysteriendrama, zum wahren «Traumbild», zur Imagination, zur Seelenlandschaft. Die Szenenanmerkung lautet: «Eine Landschaft, die durch ihre Eigenart den Charakter der Seelenwelt ausdrücken soll . . . Johannes ist, in Meditation versunken, an der Seite sichtbar; das Folgende wird von ihm in der Meditation erlebt.» Durch den Kunstgriff, Johannes meditierend vorne seitlich vor das Bühnenbild zu setzen, wird dieses zum Seelenbild erhoben, und er erkennt:

> «Das ist das Zeichen, von dem Benedictus sprach.
> Die beiden Mächte stehen vor der Seelenwelt.
> Die eine lebt im Innern als Versucher,
> Die andre trübt den Blick,
> Wenn er nach außen ist gerichtet . . .»

Im weiteren Verlauf erscheinen ihm C a p e s i u s und S t r a d e r; auch diese in einer «seelenräumlichen Perspektive»: der physisch Ältere jugendlich beschwingt, der an Jahren Jüngere alt und bedächtig. Sie tasten sich durch die elementarische Welt gleich den «Irrlichtern» in Goethes Märchen. Der Geist der Elemente hat die Stürme der Astralwelt entfesselt als Antwort auf die irrlichtelierenden Gedanken ihrer wissenschaftlich orientierten Seelen. Das Felsenwesen, die «andere Maria», hier an die «grüne Schlange» erinnernd, kündet von den Verbindungswegen der noch getrennten Reiche.

Zu Seite 69:

B ü h n e n b i l d : «Die Pforte der Einweihung», viertes Bild. Capesius: Robert Schmidt; Strader: Michel Blume; die andere Maria: Waldtraut Baravalle; Johannes (vorne links): Johannes Händler.

Im zehnten Bild der «Pforte der Einweihung» naht sich wieder, in der Umkehr der ersten Einweihungsprüfung an der Schwelle, jetzt gleichsam ins Innere, in die Stille des Meditationszimmers dringend, die Gestaltendoppelheit von Luzifer und Ahriman. Sie vertauschen ihre Selbsterkenntnis-Mahnung gemäß der gewandelten Seelensituation des Initiationsweges auf der erreichten höheren Stufe:

> «L u z i f e r : O Mensch, erkenne mich,
>   O Mensch, empfinde dich . . .
> A h r i m a n : O Mensch, erkenne dich,
>   O Mensch, empfinde mich . . .»

Zu Seite 70:

B ü h n e n b i l d : «Die Pforte der Einweihung», zehntes Bild, Meditationszimmer. Johannes: Johannes Händler; Luzifer: Cäcilia de Benedetti; Ahriman: Wolfgang Greiner.

Wie das Gleichgewicht gefunden werden muß gegenüber der Doppelnatur des Bösen, das zeigen die Mysteriendramen besonders erschütternd an der Gestalt des Capesius, der sich im sechsten Bild des dritten Dramas «Der Hüter der Schwelle» vor die Erkenntniserfahrung beider Widersachermächte gestellt sieht. Das Faust-Problem gegenüber der Mephistopheles-Gestalt, in welcher – wie schon bemerkt – das luziferisch-ahrimanische Element zwiespältig vereinigt ist, erfährt hier eine gewaltige Steigerung.

Wie wird dem Capesius sein in Luzifers Reich entschwundenes Selbst von neuem gefestigt? Sein Erlebnis – im Drama «Die Prüfung der Seele» –, daß Weltgedanken, Weltenkräfte und Weltenwesen sich mikrokosmisch im menschlichen Denken, Fühlen und Wollen spiegeln, diese Geistwirklichkeit bedeutete für ihn eine erdrückende Last des makrokosmischen Übergewichts in seiner Seele. Jetzt wird das Kräftegleichgewicht durch Geistesschau errungen. Die Wesen des luziferischen und des ahrimanischen Reiches enthüllen, wie das Denken, Fühlen und Wollen auf dem Grund der Seele von Weltenwesen durchwirkt und durchkraftet ist. Im Erlebnis ihrer Doppelnatur sucht das selbstbewußte Ich sein Gleichgewicht.[62]

Im Bühnenbild muß versucht werden, das Imaginative der astralischen Welt für das Luziferische und Ahrimanische in Farbe, Form und Beleuchtung zu finden. Szenen-Anmerkung: «Ein Raum, der nicht von künstlichen Wänden begrenzt, sondern von baumartig geformten, sich verschlingenden Gewächsen und Gebilden eingeschlossen ist, die sich ausweiten und Ausläufer ins Innere senden. Das Ganze durch Naturvorgänge wild bewegt und zuweilen stürmisch erfüllt.»

Zu Seite 72: Bühnenbild: «Der Hüter der Schwelle», sechstes Bild. Capesius: Robert Schmidt; Maria: Sylvia Baur; Luzifer: Cäcilia de Benedetti; Ahriman: Wolfgang Greiner.

Zu Seite 73 und Seite 74: Bilder: Luzifer: Cäcilia de Benedetti; Ahriman: Wolfgang Greiner.

Gewaltige Szenen der Mysteriendramen Rudolf Steiners, kosmische Schicksalsgeheimnisse enthüllend, spielen in der geistigen Welt selber, im Geistgebiet, in der Sonnen- und Saturn-Sphäre des Dramas «Der Seelen Erwachen». Hier, wo entkörperte Seelen in Sternenräumen Schicksalgespräche untereinander und mit geistigen Wesen führen, müssen die Schauspieler eine raumdurchschwingende Atemkraft entfalten für die Worte, die von Seele zu Seele ihre Flügel entfalten, um dann auf Erden zu Taten zu werden. Daß Worte selber schon geistige Taten sind, das muß überhaupt empfunden und gestaltet werden in der Sprache der Mysterien.

Zu Seite 75: Bühnenbild: «Der Seelen Erwachen», sechstes Bild, Geistgebiet. Saturn-Sphäre. «Die Beleuchtung warm und nuanciert, doch nicht zu hell.»
Sylphen – Eurythmie; der Hüter: Anders Engquist; Benedictus: Paul Theodor Baravalle; Maria: Sylvia Baur; Luzifer: Cäcilia de Benedetti; Johannes: Johannes Händler; die andere Philia: Waldtraut Baravalle; Philia: Ursula Pusterer; Astrid: Brigitte von Kralik; Luna: Linde Naumann.

Zeitgeist und dramatische Kunst

> Man kann das Theater (beispielsweise) nicht reformieren, wenn man nicht zugleich den ganzen Geist der Zeit reformiert. Es ist der Irrtum unserer Zeit, daß sie meint, man könne wesentliche Probleme aus dem Zusammenhang herauspflücken und für sich allein lösen.[56]
>
> Christian Morgenstern

Am Ende dieser Betrachtungen kann die Frage auftauchen: Wie steht das alles nun zu den Problemen und Bemühungen des heutigen Theaterlebens? Wie verhält es sich zu den Forderungen des sogenannten «Zeitgeistes»? Wir wiederholen die schon eingangs angeführte Bemerkung Rudolf Steiners nach dem Ersten Weltkrieg (6. Juli 1919): «... und sicher wird es sogar die *Kunst* sein, auf deren Boden sich die gewaltigsten Kämpfe der Gegenwart abspielen müssen.»[56a]

Für den geisteswissenschaftlichen Betrachter der Geschichte hat mit unserem Jahrhundert ein neues «lichtes Zeitalter» angefangen, nachdem ein fünftausendjähriges «finsteres Zeitalter» zu Ende gegangen ist, das heißt ein solches, in dem die Menschheit von den Erfahrungen und dem Bewußtsein einer geistigen *Wirklichkeit* immer mehr abgeschnitten wurde. Und die «gewaltigsten Kämpfe» des 20. Jahrhunderts sind nichts anderes als das Ringen eines neuen Geist-Bewußtseins gegen die fortbestehende «Finsternis», gegen die Mächte, welche diese festhalten wollen.

Kann man sagen, daß in der heutigen Bühnenkunst dieses Ringen sichtbar wird, wo die Vorgänge auch klassischer Dramen politisch oder psychoanalytisch interpretiert werden, wo Regisseure hineinleuchten wollen in das, was man bisher fälschlicherweise «Seele» genannt hat, um im Menschen «das Tier» zu entdecken und es herauszuholen aus dem «animalischen Urschlamm»? Oder wo der Mensch gezeigt wird als ein Automat der sozialen Verhältnisse, hängend an den Fäden eines ihn lenkenden «System-Mechanismus»? Also der ich-lose Mensch zwischen «Tier» und «Tod»? Aber will die Bühnenkunst dadurch nicht bewußt beunruhigen, aufwecken, enthüllen, revolutionieren? Ist das nicht *gut:* Theater als Apokalypse? Ist diese Desillusionierung des mit sich selbst nicht mehr identischen Menschen nicht sogar – Mysterienerfahrung?

Da dieser Kunst aber ein wahrhaftiges Menschenbild fehlt, geht sie als Kunst dabei verloren, wird zur bloßen Kritik, zum Tribunal oder auch zum Zirkus, zur «show». Sie kann uns nur den Abgrund vorführen, an den uns eine schon vielhundertjährige materialistische Weltanschauung eben des «finsteren Zeitalters» schließlich gebracht hat. Wenn dieser Materialismus die Oberhand gewänne, «dann würde Ödigkeit über die Erde hinfluten und der Krieg aller gegen alle würde beschleunigt werden.»[57] «Mechanisierung des Geistes», «Vegetarisierung der Seele» und «Animalisierung des Leibes» sind auch bereits in das Feld der Bühnenkunst eingetreten: «Mechanisierung des Geistes» durch die Art, wie dramatische Dichtung intellektuell «umfunktioniert» wird; «Vegetarisierung der Seele», indem Schauspieler durch kollektive Meditationen in unbewußte Seelenprovinzen untertauchen wollen und den «Urschrei» entfesseln, der *hinter* der Sprache lebt. «Die Sprache zerbrechen, um ans Leben zu rühren», war eine Maxime des französischen Dichters Artaud, der durch Abkehr vom Wort «eine Sprache für die Sinne» schaffen wollte, eine leibliche «Metaphysik durch die Haut», zu der er sich inspirieren ließ durch Tänze auf Bali. Er suchte eine magisch-kultische Vertiefung des Bühnengeschehens, er wollte «das Initiationsprinzip demokratisieren» und schuf schließlich sein sogenanntes «Theater der Grausamkeit». Die «Animalisierung des Leibes» war es dann, durch die man in der einen oder anderen Art die trägen bürgerlichen Seelen schockieren, aufschrecken wollte.

Wir stehen vor Entscheidungen schwerwiegendster Art: Die *Mysterien,* in denen einst Erkenntnis, Kunst und Religion zusammenwirkten, wollen in neuer Form erstehen und werden korrumpiert durch einen Materialismus, der bis ins Dämonische geht. Es gab in diesen alten Mysterien ein Wort, das gerade für die dramatische Kunst bedeutsam ist: «Schaue über den Tod hinaus und du wirst wissen, was der Mensch ist.» Wer diesen Ruf befolgte, der begegnete dem Göttlichen im eigenen Ich, dem ewigen Dionysos. Und *dieser* ist es, der göttliche Mensch in uns, der Tragödie erleidet, der von den Titanen, den Mächten des Irdischen immer wieder zerrissen und zerstückelt wird und immer wieder aufersteht. Daß Tragödie ein Nachbild ist dessen, was in den Mysterien erfahren wurde, kann dem Schauspieler, der sich dieses Ursprunges als eines Urbilds erinnert, heute wieder die Richtung zeigen, worauf es im Sinne des wahren Zeitgeistes in seinem Berufe ankommt: den ewigen Wesenskern des Menschen, sein *Ich* zu retten, das aus Leib und Seele herausgetrieben werden soll, den übersinnlichen Teil seines Wesens, der Kunst hervorbringt zu seiner Selbstfindung und Selbstverwandlung. «Es reißt der Zusammenhang mit dem Geiste, wenn er nicht durch die Schönheit erhalten wird. Die Schönheit verbindet das Ich mit dem Leibe.»[58]

In dem geistigen *Kampf um die Entelechie,* um das kosmische Wesen des Ich, *der heute im Mittelpunkt aller Kämpfe steht,* sind zwei Erkentnnise die entscheidenden: das Wissen um die *Reinkarnation* dieses Menschen-Ich, das heißt die stufenweise Wandlung des ewigen Wesenskernes durch wiederholte Erdenleben, und zweitens die Erkenntnis des *Bösen* als die kosmische Polarität des *Ahrimanischen* und *Luziferischen.*[59] Rudolf Steiner hat diese kosmischen Wesensmächte sowohl in seinen Mysteriendramen dargestellt, wo sie in Menschenschicksale hemmend, dabei im höheren Sinne fördernd eingreifen, wie auch in einer plastischen Gruppe, die im Mittelpunkt des ersten Goetheanum stehen sollte. Zwischen diesen kosmischen Verführern steht der Repräsentant des wahren, vergeistigten Menschen, der *Christus,* der von diesen Mächten des Bösen versucht wird, sie aber abweist. Diese Gruppe enthält das Ur-Drama unserer Epoche: die Auseinandersetzung mit dem Bösen. Sie hätte im ersten Goetheanum stehen sollen im Hintergrund der Bühne, auf welcher die Mysterien aufgeführt werden sollten, in denen im Sinne des wahren, michaelischen Zeitgeistes der Kampf gegen die Ent-Ichung der Menschheit künstlerisch zur Darstellung gekommen wäre. Wenn das dann durch die Zerstörung des ersten Goetheanumbaues auch nicht möglich wurde, so muß doch festgehalten werden, daß durch mehr als 70 Jahre in unserem Jahrhundert auf dem Dornacher Hügel eine dramatische Kunst in diesem Sinne gepflegt wurde.

* * *

Der Schauspieler braucht heute den Erkenntniswillen, von dem ewigen Wesenskern des Menschen wenigstens eine Ahnung zu bekommen. «Schaue über den Tod hinaus und du wirst wissen, was der Mensch ist.» Aber auch mit dem Wesen des Bösen muß sich der Menschendarsteller erkennend auseinandersetzen. «Die Hölle ist auf Erden», sagte Strindberg, weil er empfand, wie das nachtodliche Leben ins irdische Dasein hereinbricht. Aber Strindberg wußte nichts von dem Menschenwesen, das im Kosmos beruht und das durch diese «Hölle» als unsterbliche Entelechie hindurchgehen muß, weil es vielleicht schon bei Lebzeiten etwas sühnen will, das einstmals zu dieser «Hölle» beigetragen hat. Vom wahren Menschenbilde her kann auch das erschütterndste Drama *heilend* wirken, und die Weltmission der Kunst ist heute eine therapeutische.

Abgeschlossen seien diese Ausführungen mit Worten *Albert Steffens,* mit denen ausklingen möge, was hier über die Kosmischen Geheimnisse der dramatischen Kunst keimhaft angedeutet wurde:[60]

«Die dramatische Kunst ist aus den Mysterien geboren. Wer sie wieder zu den Mysterien, von denen sie abgefallen ist, zurückführen will, muß das Wort im Ursprung erfassen und es so erleben, wie es Mensch geworden ist. Das Wort war ein Göttliches. Und wie der Gott mußte es durch den Tod hindurchgehen. Und so wie Gott soll es auferstehen.

Ein rechter Schauspieler muß auf das Keimen, Wachsen und Welken der Sprache lauschen und sich immerwährend in der Erkenntnis der übersinnlichen Welten üben, welchen die sprachbildenden Kräfte entstammen; er muß von dem vergänglichen Gewand der bloßen Konversation absehen. Er muß durch das Geistgespräch den unsterblichen Menschen in sich erwecken.

Sonst kann er nicht zu der ewigen Individualität der Zuhörer sprechen. Wenn er mit der Sprache in seiner physischen Organisation und dem, was mit dieser zusammenhängt, stecken bleibt, wirkt er klein. Wenn er aber im Wohlklang der Laute sich verliert, so erwacht im Publikum die Empfindung, daß er statt der Sprache seine Begabung liebt.

Das kann sich zwar ein Star, der besonders schöne Töne schmettert, gestatten. Staunend folgt man seinen Lauten, die so rund und rein vom Schnabel quellen und aus dem Vogelbau in die Himmelsluft entfliegen.

Dies mag wohl naive Backfische oder verwöhnte Meergreise ins Theater locken.

Aber das Mysteriendrama der Gegenwart erfordert die Katharsis der Menschenseele auf der malträtierten Erde, die Wahrung der Persönlichkeit im höchsten Ideenflug, die Rettung der Menschheit im tiefsten Abgrund, das Gestandenhaben vor dem Mysterium von Golgatha.»

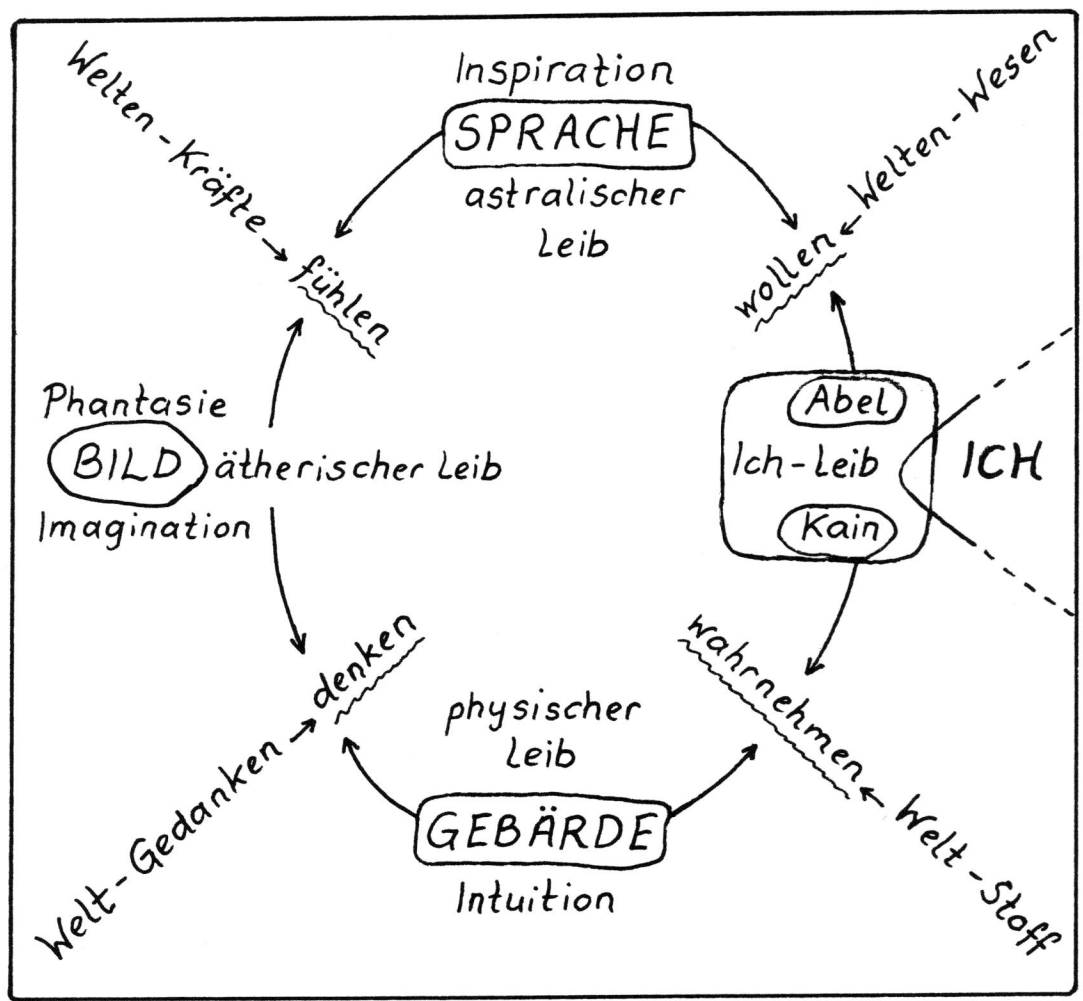

80

Anmerkungen

1 Will Grohmann, Der Maler Paul Klee. Leben und Werk in Dokumenten. Köln 1966.
2 Aus der Zeitschrift «Pan», 7. März 1912.
3 Rudolf Steiner, Sprachgestaltung und Dramatische Kunst. GA 282, 4. Aufl. Dornach 1981. Vortrag vom 19.9.1924.
4 Ebenda, Vortrag vom 6.9.1924.
5 Pindar, Olympisches Siegeslied. Aus: F. Mezö, Geschichte der olympischen Spiele. München 1930.
6 Siehe Anm. 3, Vortrag vom 12.9.1924.
7 Rudolf Steiner, Anthroposophie als Kosmosophie. GA 207, 2. Aufl. Dornach 1981. Vortrag vom 30.9.1921.
8 Rudolf Steiner, Die Prüfung der Seele, 1. Bild. Aus: Vier Mysteriendramen. GA 14, 4. Aufl. Dornach 1981.
9 Siehe Anm. 7.
10 Faust II, Ariel-Szene. Aus: Johann Wolfgang Goethe, Faust.
11 Siehe Anm. 7.
12 Siehe Anm. 8.
13 Ebenda.
14 Siehe Anm. 7.
15 Über die 12 Sinne: Rudolf Steiner, Allgemeine Menschenkunde als Grundlage der Pädagogik. GA 293, 8. Aufl. Dornach 1980. Vortrag vom 29.8.1919. – Ferner unter anderem:
   Rudolf Steiner, Weltwesen und Ichheit. GA 169, 2. Aufl. Dornach 1963. Vortrag vom 20.6.1916.
   Rudolf Steiner, Das Rätsel des Menschen. GA 170, 2. Aufl. Dornach 1978. Vortrag vom 2.9.1916.
16 Vergleiche das Diagramm auf Seite 80, wobei man sich die Seelenbetätigungen in Bewegung und sich durchdringend denken muß, denn die Seele ist bei aller Differenzierung eine Einheit.
17 Siehe Anm. 3, Vortrag vom 6.9.1924: Die sechs Offenbarungen der Sprache.
18 Maximilian Seiling, aus einem Aufsatz-Manuskript zur 40jährigen Wiederkehr des Dramatischen Kurses, September 1964.
19 Siehe Anm. 3, Vortrag vom 5.9.1924.
20 Emil Staiger, Grundbegriffe der Poetik. 3. Aufl. Zürich 1956.
21 Rudolf Steiner, Die Konstitution der Allgemeinen Anthroposophischen Gesellschaft und der Freien Hochschule für Geisteswissenschaft. GA 260a, 2. neu durchgesehene Aufl. Dornach 1987. S. 387.
22 Albert Steffen, Altmanns Memoiren aus dem Krankenhaus. Dornach 1956. S. 260f.
23 Rudolf Steiner, Über Gesundheit und Krankheit. GA 348, 3. Aufl. Dornach 1983. Vortrag vom 23.12.1922.
24 Rudolf Steiner, Ursprungsimpulse der Geisteswissenschaft. GA 96, 2. Aufl. Dornach 1988. Vortrag vom 1.4.1907.
25 Die Griechen hatten für das *Luftwesen* eine wunderbar differenzierende Anschauung, eine geisteswissenschaftliche Viergliederung:
   aer: das ist die «untere», dem irdischen am nächsten befindliche Luft, weshalb dieses Wort auch «Nebel» oder «Gewölk» bedeutet,
   aither: das ist «Äther» oder «Himmelsluft»,
   aura: das ist die vom Licht durchdrungene Luft, zum Beispiel in der Morgenröte,
   pneuma: das ist die geistbeseelte Luft, Klang, Atem, Geist, die «Lohe des Feuers»; im Neuen Testament auch Geisteswesen oder Engel.

26 Hedwig Greiner-Vogel, Die Wiedergeburt der Poetik aus dem Geiste der Eurythmie. Grundlinien einer goetheanisti-schen Poetik und Metrik. Dornach 1983. S. 20ff.

27 Aus der Probenarbeit mit Marie Steiner. Herausgegeben von Edwin Froböse. Dornach 1978. S. 28.

28 Rudolf Steiner, Die Kunst der Rezitation und Deklamation. GA 281, 3. Aufl. Dornach 1987. Vortrag vom 29.3.1923.

29 Christian Morgenstern, Werke und Briefe. Band V, Aphorismen. Stuttgart 1987. S. 139.

30 Siehe Anm. 27, S. 29f.

31 Siehe Anm. 27, S. 28.

32 Siehe Anm. 26. In dem dort erwähnten Werk sind diese Zusammenhänge in umfassender und fundamentaler Weise dargestellt.

33 Siehe Anm. 21, S. 392. – Rudolf Steiner berichtete während des Dramatischen Kurses in Briefen «An die Mitglieder» am 14., 21. und 28. September 1924 über die drei Grundelemente der Bühnenkunst: Sprache, Gebärde und Bühnenbild.

34 Erweiterter Abdruck des in der Zeitschrift «Das Goetheanum», Nr. 5, Jahrgang 1986, erschienenen Aufsatzes «Aphoristisches zur Schauspielkunst».

35 Alice Fels, Vom Werden der Eurythmie. Aus dem Nachlaß herausgegeben von Hedwig Greiner-Vogel. Dornach 1986.

36 Siehe Anm. 3, Vortrag vom 13.9.1924.

37 Siehe Anm. 3, Vortrag vom 19.9.1924.

38 Ebenda.

39 In Goethes Faust als der Vorverkündigung eines neuen Mysteriendramas wird man unschwer den Gedanken der Reinkarnation ahnen, der aber hier noch als «Phantasmagorie» erscheint, indem Faust in das Griechentum versetzt wird. (Hierüber ausführlich in dem Buch: «Goethes Faust. Das Menschheitsdrama der Gegenwart» von Hedwig Greiner-Vogel. Dornach 1982.) Es zeigt sich eben, daß das Drama da, wo es um die Wirklichkeit des Ich ringt, zu dieser Erkenntnis kommen muß und dadurch zu dem Stil, der «auf den Grundfesten der Erkenntnis ruht».
Der ungarische Dichter *Madách*, der die «Tragödie des Menschen» schrieb (1861), läßt Adam und Eva, von Luzifer geführt, die Menschheitsgeschichte vorauserleben, bis Adam, verzweifelt und selbstmordbereit, zurück will aus dem «fruchtlosen Kampf». Ahnungen von wiederholten Erdenleben spiegeln sich hier mehr abstrakt in einem Bieder-meier-Ethos, das über Fausts Streben seinen Schatten geworfen.

40 Erschienen in der Zeitschrift «Das Goetheanum», Nr. 47, Jahrgang 1966, S. 373f.

41 Rudolf Steiner, Das Künstlerische in seiner Weltmission. GA 276, 2. Aufl. Dornach 1982. Vortrag vom 1.6.1923.

42 Rudolf Steiner, Allgemeine Menschenkunde als Grundlage der Pädagogik. Siehe Anm. 15, Vortrag vom 25.8.1919.

43 Rudolf Steiner, Die Evolution vom Gesichtspunkt des Wahrhaftigen. GA 132, 6. Aufl. Dornach 1987. Vortrag vom 29.11.1911.

44 Rudolf Steiner, Initiationswissenschaft und Sternenerkenntnis. GA 228, 2. Aufl. Dornach 1985. Vortrag vom 27.7.1923.

45 Siehe Anm. 41, Vortrag vom 9.6.1923.

46 Erweiterter und umgearbeiteter Abdruck aus: Wolfgang Greiner, Die Mysterienwelt des Dramas. Dornach 1981. S. 33.

47 Siehe Anm. 3, Vortrag vom 19.9.1924.

48 Hugo von Hofmannsthal, Die Bühne als Traumbild. Aus: «Das Theater», illustrierte Halbmonatsschrift, redigiert von Christian Morgenstern. 1. Jahrgang, S. 4. Kommentierte Faksimile-Ausgabe, Emsdetten 1981.
49 Isadora Duncan, Memoiren. Leipzig 1928. S. 202.
50 Siehe Anm. 3. Vortrag vom 18.9.1924.
51 Albert Steffen, Barrabas. Dornach 1949. 4. Akt.
52 Louis Jouvet, Das Rätsel Theater. Übertragen von Albrecht Schönhals. Hamburg 1955.
52a Rudolf Steiner, Die Tempellegende und die Goldene Legende. GA 93, 2. Aufl. Dornach 1982. Vortrag vom 4.11.1904.
53 Siehe Anm. 3, Vortrag vom 24.9.1924.
54 Friedrich Nietzsche, Die Geburt der Tragödie aus dem Geiste der Musik. Stuttgart 1953.
55 Siehe Anm. 3, Vortrag vom 14.9.1924.
56 Siehe Anm. 29, S. 146.
56a Rudolf Steiner, Geisteswissenschaftliche Behandlung sozialer und pädagogischer Fragen. GA 192, 1. Aufl. Dornach 1964. Vortrag vom 6.7.1919.
57 Siehe Anm. 56a, Vortrag vom 29.6.1919.
58 Rudolf Steiner, Notizbuch aus dem Jahre 1918. In: «Wahrspruchworte». GA 40, 6. Aufl. Dornach 1986.
59 Siehe auch Wolfgang Greiner, Das Antlitz des Bösen. Dornach 1984.
60 Albert Steffen, Über den Keimgrund der Mysteriendramen Rudolf Steiners. Dornach 1971. S. 43.
61 Hedwig Greiner-Vogel, aus «Mysteriendramen am Goetheanum. Rudolf Steiner und die neue Bühnenkunst». Dornach 1973. S. 11.
62 Siehe Anm. 61, S. 37f.

Zu den Bildtafeln

Alle hier gezeigten Bilder stammen aus Inszenierungen am Goetheanum und die genannten Schauspielerinnen und Schauspieler sind langjährige Mitarbeiter der Sektion für redende und musizierende Künste der Freien Hochschule für Geisteswissenschaft. Die abgebildeten Tafeln sind ausgewählt als Illustrationen zu bestimmten Abschnitten des Textes und könnten natürlich vielfach vermehrt werden. Sie sollen nur eine Andeutung geben von dem, was an der dramatischen Kunst sichtbar ist: Das Gebärdenhafte, Mimische und das Bühnenbild. Aber im Zusammenhang mit dem Text kann doch vielleicht eine Empfindung entstehen für das Imaginativ-Geistige, das in der Bühnenkunst des Goetheanum gepflegt werden soll.